# Sciences humaines et pensée critique

## Pensée saine *versus* pensée perverse

# Sciences humaines et pensée critique

**Pensée saine *versus* pensée perverse**

Philippe Vergnes

# Table des matières

# – Introduction –

« Il n'y a jusqu'ici pas encore eu de philosophe entre les mains duquel la philosophie ne soit devenue une apologie de la connaissance ; en ce point au moins chacun est optimiste ; à celle-ci doit être attribuée la plus grande utilité. » (Nietzsche, *Humain, trop humain*)

« Dans tous les cas, si l'humanité ne doit pas, par un tel gouvernement conscient de soi-même, marcher à sa perte, il faut d'abord que soit trouvée *une connaissance des conditions de la civilisation supérieure* à tous les degrés atteints jusqu'ici. En cela réside l'immense devoir des grands esprits du prochain siècle. » (*Ibid.*)

« Rien n'est aussi opératoire qu'une bonne théorie. » (Kurt Lewin)

## Le paradigme de la complexité

Selon les bons mots de Nietzsche cité en exergue, les infatigables explorateurs de la connaissance humaine qui vont vous être présentés dans la première partie cet ouvrage ont tous réalisé « une véritable apologie de la connaissance à laquelle nous devons attribuer la plus grande utilité ». Le service que nous rendent les théories de ces chercheurs est d'autant plus précieux qu'il nous montre la voie[1] et nous ouvre les portes du monde de la complexité. Quant à leur utilité, elle est d'autant plus importante qu'elle nous apporte des solutions originales pour envisager la sortie des crises contemporaines que nous subissons de plus en plus intensément, car « nous ne pouvons pas résoudre un problème avec les mêmes modes de pensée qui ont servi à le créer » (Einstein).

D'une part, il est question d'adopter un point de vue qui nous offre une vue d'ensemble de la complexité du monde tel qu'il se déploie aujourd'hui sous nos yeux pour mieux le comprendre et s'y adapter, d'autre part, il s'agit d'accéder à cette complexité pour apporter des solutions aux conflits que traverse l'humanité dans une période que d'aucuns jugent « apocalyptique ». (Nous verrons cependant qu'il existe des raisons d'espérer).

La complexité connue sous diverses appellations telles que « pensée complexe », « transdisciplinarité » ou « vision intégrale » etc. serait donc la voie. Mais quel serait ce paradigme de la complexité ?

En France, nous devons le paradigme de la complexité à l'imposant travail qu'a réalisé Edgar Morin à partir de la rédaction en six volumes de *La Méthode* dont le premier livre est paru en 1977. Ce paradigme, né de la nécessité d'apporter de nouvelles réponses aux crises toujours plus complexes qui se propagent dans de nombreux domaines, a ouvert de nouveaux chemins à la production de connaissance.

Si la notion d'effondrement des civilisations n'est pas neuve, force est de constater qu'elle est particulièrement présente depuis le début de ce nouveau millénaire. Comme l'explique le chercheur américain Norman Yoffee cité par Patrick Drouot[2] : « Il n'est pas niable qu'il y ait déjà eu au cours de l'Histoire de très grands changements. Mais les civilisations du passé étaient beaucoup plus flexibles et résilientes qu'on ne le pense. Le terme *effondrement* doit plutôt être compris comme l'inadaptation de certaines idées qui, après avoir fonctionné pendant un temps, doivent être remplacées par de nouvelles. » La survie de la civilisation occidentale serait donc possible, pour peu que nous apprenions à modifier, à faire évoluer notre manière de vivre et surtout de penser. « La survie d'une civilisation dépend en partie d'un renouvellement des idées, poursuit le scientifique, mais aussi d'une sélection et d'une reformulation de conceptions déjà existantes, que l'on adapte ainsi aux nouvelles circonstances [...]. L'Histoire nous montre que lorsqu'une civilisation est face à des difficultés, ce n'est pas sa capacité technologique qui est la plus opérante. C'est plutôt sa capacité à opérer des changements dans le mode de vie de ses membres. Si son idéologie et son système de pensée sont inadéquats, une civilisation peut avoir à affronter des changements radicaux et dramatiques. »

Nous sommes donc contraints d'évoluer, car « vous ne changerez jamais les choses en vous battant contre la réalité existante. Pour changer quelque chose, construisez un nouveau modèle qui rendra l'ancien obsolète » (Richard Buckminster Fuller). Or, et l'actualité nous le démontre quotidiennement : « faire toujours plus de la même chose conduira invariablement au même résultat ». « Faire plus de la même chose » où *Comment réussir à échouer* (Paul Watzlawick) est bien l'ultra-solution que nous proposent toutes les politiques du moment. L'ultra-solution peut se résumer de la manière suivante : si quelque chose échoue, pourquoi ne pas en rajouter pour être définitivement sûr d'échouer ? Pour Watzlawick, c'est ce médicament qui permet de guérir définitivement le malade par la plus radicale des solutions… tout simplement en le tuant. Dans la plupart des cas, l'ultra-solution consiste à écarter toute mesure prudente et raisonnable qui risquerait de rétablir la stabilité d'une situation de crise. De nos jours, ce ne sont pas les exemples qui manquent.

Il est regrettable que nous ayons, en France, un talent incroyable qui est celui de passer à côté des principaux auteurs dont les conceptions sont à même de révolutionner notre vision du monde… et donc de résoudre les crises qui s'y développent. Que ces auteurs soient français ou étrangers, cela n'y change rien. Ainsi, après avoir raté le tournant de la sémantique générale qui a tout de même inspiré des chercheurs indépendants tels que Gaston Bachelard ou bien Henri Laborit, inventeur de la notion de pensée complexe qui sera ensuite largement développée par Edgar Morin, etc., notre pays s'est démarqué en ayant également ostracisé un auteur tel que Ken Wilber qui a écrit un essai reconnu comme l'un des livres les plus importants jamais publiés par des gens d'horizons extrêmement variés tels que David Böhm, Al Gore, Huston Smith, Michael Murphy, Daniel Golleman ou Larry Dossey, etc. Rien de moins… excuser du peu !

Ensuite, le pays des droits de l'homme est également passé à côté de l'auteur de la seule théorie qui a réussi à obtenir un prix Nobel de la paix.

Vous avez du mal à le croire ? Ce n'est pourtant pas une blague. Une *fake news* dirons-nous dans le jargon à la mode. La théorie des émergences cycliques des niveaux d'existence bio-psycho-sociaux, l'ECLET ou Spirale Dynamique de Clare Graves a bien reçu un prix Nobel de la Paix par l'intermédiaire du président Nelson Mandela qui a appliqué dans son pays les conseils prônés par cette théorie pour mettre fin à l'apartheid. Vous l'ignoriez ?

Normal, puisque la France a un incroyable talent.

« Nul n'est prophète en son pays » : si cette citation trouve son origine dans les évangiles, c'est bien en France qu'elle y trouve une particulière application, car notre pays semble s'être fait une spécialité d'ostraciser ses propres « génies » dès lors que leurs idées dépassent un certain niveau d'excellence, d'indépendance et de liberté d'esprit… et la liste est longue, mais celui qui m'intéresse plus particulièrement pour notre propos est le cas d'Edgar Morin. Une œuvre immense. Une pensée complexe, mais pas compliquée… il suffit juste de s'y intéresser un peu pour savoir de quoi il en retourne exactement. Une influence internationale considérable… docteur *Honoris Causa* pour l'ensemble de son œuvre de vingt-huit Universités par le monde. Vingt-huit Universités… et pas une seule en France. (J'ai dû m'y prendre à deux fois pour vérifier cette information tant elle me paraît invraisemblable).

Dès lors, après avoir ignoré le tournant de la sémantique générale, loupé le détour par la Spirale Dynamique, raté la vision intégrale et ostracisé la pensée complexe… je veux bien croire que nous n'aimons pas nous compliquer la vie, mais justement, à force de passer à côté de toutes ces opportunités… les complications, il semble bien que *nous nous les créons.*

C'est un peu la raison d'être de ce livre, car ces quatre œuvres répondent toutes au souhait de Nietzsche lorsqu'il en appelait au développement d'une apologie de la connaissance à laquelle doit être attribué la plus grande utilité. Elles ont été créées par des personnalités que l'on nomme désormais des *penseurs de la complexité* qui ont tous pour caractéristique commune de poser un regard *intégral* ou *transdisciplinaire* sur la complexité du monde telle qu'elle se présente à nous aujourd'hui afin de nous permettre de mieux le comprendre. Leur crédo commun, c'est la transcendance et l'inclusion. *Transcender, inclure…* et *corriger les apories* de nos précédentes représentations pourrions-nous rajouter, et ce même si la notion de transcendance indique implicitement qu'il y a eu des corrections appliquées aux anciens modes de pensée.

Je ne pourrais ici que vous donner un rapide aperçu de ces quatre théories qui sont pour moi majeures et je m'en excuse par avance ayant par ailleurs bien conscience que cette insuffisance pourrait être préjudiciable, voire contre-productive. Mon objectif toutefois est humble : il est simplement d'essayer de planter une petite graine de pensée complexe, de vision intégrale ou transdisciplinarité, etc. dans votre esprit. Libre ensuite aux lecteurs de la faire germer … ou pas. Dans cette dernière hypothèse, il suffira de savoir que des solutions existent et que des outils qui *vous* permettent de les élaborer et de les mettre en pratique sont à votre disposition.

Lorsque je dis « *vous* permettent », c'est que dans le monde de demain qui se prépare aujourd'hui, ce n'est pas votre maire de village ou de ville, votre président d'agglo, de département ou de région, ni même votre président de la République ou de l'Union européenne, le curé de la paroisse de proximité ou qui que ce soit d'autre qui réglerons les problèmes auxquels notre civilisation est de plus en plus confrontée. La solution… si solution il y a… viendra principalement d'initiatives citoyennes et/ou personnelles qui feront tache d'huile, car nos *toutes institutions dirigeantes soumises aux lois du marché sont des adeptes de l'ultra-solution.*

Il n'est, à ma connaissance, aucune exception à cette règle.

Nous sommes donc seuls face à notre destin, autant donc être pourvu de bons outils pour faire face à la complexité croissante du monde dans lequel nous vivons et la présentation de quelques-uns de ces outils est l'objet de la première partie de ce petit livre.

## La faillite de l'esprit critique

La seconde partie de cet essai est consacrée au problème majeur que génère l'ultra-solution appliquée à la raison que j'ai nommé la « faillite de l'esprit critique ». Cette ultrasolution, ou plutôt ces ultrasolutions sont actuellement mises en place par la majorité des gouvernements mondiaux pratiquant une politique dite « néo-libérale » de soutien à la croissance. Il n'est pas le lieu ici de vous proposer des analyses détaillées de chacune de ces ultrasolutions, mais plutôt de vous inciter et vous donner les moyens de comprendre les raisons pour lesquelles ces ultrasolutions sont mises en place et (trop) facilement acceptées.

En effet, la complexité du monde actuel fait qu'aujourd'hui nous ne disposons pas encore de mode de pensée qui nous permette de l'appréhender dans toute sa richesse incluant sa profondeur et son étendue (d'où la présentation dans la première partie de ce livre de quelques théories qui nous permettent d'accéder à cette diversité). Or, en même temps que croit la complexité du monde, croissent aussi les réponses simplistes, réductrices et mutilantes qui pervertissent notre vision de cette complexité. Il n'est donc nullement étonnant de voir apparaître les phénomènes de bullshit ou de *fake news* tels qu'ils sont apparus ces dernières années. En 2019, le terme *fake news* a même fait son entrée dans le célèbre *Oxford English Dictionary*. C'est dire l'actualité de tels phénomènes de société.

En France, un autre phénomène de société a fait l'objet d'un intérêt croissant. Il s'agit de la définition de l'expression *pervers narcissique* qui est arrivée à la seconde place des définitions les plus recherchées sur Google en 2019. Or, si le lien entre perversion narcissique et *fake news* peut apparaître ténu ou inexistant aux yeux de certains, il n'en demeure pas moins important dans le sens où les *fake news* se développent sur le terreau d'un manque total de pensée critique et que l'abolition d'une telle pensée est le but suprême et inavoué de la pensée perverse qui caractérise la perversion narcissique.

« La pensée perverse, c'est ce qui soutient les agirs pervers[3] » nous dit Paul-Claude Racamier, le découvreur de la perversion narcissique. Pour cet auteur, elle est « *l'inverse de la pensée créative[4]* », mais elle est surtout experte en *décervelage*, « car le décervelage est l'apanage le plus redoutable de la pensée perverse[5] ». Or, ce décervelage, terme inspiré de la machine à décerveler présentée dans la pièce *Ubu roi* d'Alfred Jarry, est obtenu par la suppression de toute possibilité de développer une pensée critique. Il est l'analogon d'un vide de pensée, d'un interdit à penser provoquant une embolie psychique qui vient faire obstacle à l'exercice d'une pensée critique correctement menée et capable d'apporter des solutions aux problèmes que nous rencontrons.

Le lien entre *fake news* et perversion narcissique (abolition de la pensée critique) se retrouve donc dans celui qui existe entre le décervelage et la pensée perverse, car « la pensée perverse [...] ne vise qu'à emballer et enfermer, confondre et poindre sa proie, dans un filet serré de contrevérités et de non-dits, d'allusions et de mensonges, d'insinuations et de calomnies[6] ». N'est-ce pas là ce que visent les *fake news* et autres *bullshit* ?

Ne nous étonnons donc pas d'être entrés dans une « ère de post-vérité » qui se définit par le fait de faire « référence à des circonstances dans lesquelles les faits objectifs ont moins d'influence pour modeler l'opinion publique que les appels à l'émotion et aux opinions personnelles » (*Oxford English Dictionary*), car l'abus émotionnel est l'un des principaux stratagèmes de la perversion narcissique d'après lequel cette dernière établit son emprise sur autrui.

En quoi consiste la pensée critique ?

C'est ce qu'il nous faudra découvrir pour lutter efficacement contre le plus grand danger qui la menace au travers de la pensée perverse. Développer sa pensée critique avec tout l'effort et la rigueur intellectuelle que cela nécessite est le seul antidote à la pensée perverse qui s'exprime à l'heure actuelle comme en témoignent ces nouvelles expressions qui apparaissent dans notre langage aujourd'hui. C'est le seul moyen de venir à bout du *psychovirus* qu'instille en nous la pensée perverse. Il s'agit donc de pratiquer une véritable réanimation intellectuelle pour venir à bout de l'embolie psychique provoquée par cette forme de pensée destructrice.

[1] **Morin**, Edgar (2011), *La Voie, pour l'avenir de l'humanité*, Paris : fayard, 320 p.

[2] **Drouot**, Patrick (2013), *La révolution de la pensée intégrale*, Paris : Dangles, 300 p. (pp. 10-11).

[3] **Racamier**, Paul-Claude (1992*b*), « Pensée perverse et décervelage », dans *Gruppo* n°8, pp. 137-155.

[4] *Ibid.*

[5] *Ibid.*

[6] **Racamier**, Paul-Claude (1992), *Le Génie des origine*, Paris : Payot, 422 p. (pp. 295-296).

# Première partie

*Rendre compte de la complexité du monde :*
*des cartes plus précises*

# — Chapitre I —

*La vision intégrale de Ken Wilber*

« Une théorie ou hypothèse est essentiellement un ensemble de données
mentales appréhendées directement
servant à agencer, expliquer ou organiser de façon intermédiaire d'autres
données appréhendées directement.
[...] L'hypothèse elle-même est une
donnée mentale appréhendée de manière directe. [...] Une théorie ou hypothèse est donc une donnée mentale
appréhendée immédiatement (ou ges-
talt de données) utilisée pour désigner,
agencer ou systématiser logiquement
– de manière immédiate – d'autres
données (sensorielles, mentales, spirituelles) perçues de manière immédiate. [...] ce qui distingue une théorie
ou une hypothèse d'une formulation
simplement dogmatique est qu'elles se

> prêtent à une vérification expérimentale ou fondée sur des données. [...] Une hypothèse est donc une carte provisoire plus des injonctions suggérées. » (Wilber, 1983)

Ken Wilber est un auteur méconnu du public francophone. Ses travaux en philosophie des sciences, épistémologie, psychologie, sociologie, histoire des idées, etc. méritent une attention particulière au regard des considérations et des anticipations que portait Nietzsche de son temps sur les grands esprits du prochain siècle.

Surnommé « l'Einstein de la conscience », « source d'une pénétrante compréhension » (Deepak Chopra), « comparé à Platon, Einstein, William James, Freud et Hegel… entre autres » (Roger Walsh), etc. Ken Wilber est présenté par le site de son éditeur français comme « le philosophe américain contemporain le plus traduit dans le monde. Auteur de plus de 25 livres, ayant déjà ses œuvres complètes publiées aux États-Unis, il est reconnu par beaucoup comme le philosophe le plus important de notre époque. Wilber propose dans une vaste synthèse une théorie intégrale de la conscience qui explique le développement de la conscience de l'humanité et de l'individu de l'enfance à l'éveil non-duel. Théoricien génial, Wilber a réussi à relier ensemble pour la première fois les religions d'Orient et d'Occident, la psychologie transpersonnelle, la philosophie, l'écologie, et les découvertes des sciences contemporaines. »

Il a produit « une nouvelle synthèse scientifique extraordinaire de la conception scientifique et spirituelle de la condition humaine » (Mitchell Kapor, au sujet du livre de Ken Wilber *Une brève histoire de tout*).

Dans l'un de ses rares ouvrages traduits en français qui propose une introduction à sa vision intégrale, il écrit : « Et si on prenait, littéralement, tout ce que les différentes cultures ont à dire sur le potentiel humain – comme la croissance spirituelle, psychologique et sociale – et qu'on pose tout ceci là, sur la table ? Et si on tentait de trouver les clés critiques et essentielles au développement humain en se basant sur la totalité des connaissances humaines qui nous sont maintenant disponibles ? Et si on tentait, en se basant sur des études interculturelles approfondies, d'utiliser toutes les grandes traditions du monde afin de créer une carte composite, une carte complète, une carte qui inclut vraiment tout, ou une carte intégrale qui inclurait les meilleurs éléments de chacune d'entre elles[7] ? »

Ken Wilber a développé un paradigme de la complexité, une vision du monde *intégrale*, pluri- et transdisciplinaire qu'il nomme une théorie de tout, dans lequel il définit le spectre de la conscience comme un processus dynamique du développement qui débute par des niveaux prépersonnels, se poursuit par des niveaux personnels eux-mêmes transcendés par des niveaux transpersonnels. Le suffixe *trans-* signifie « qui traverse l'espace ou la limite, qui est de l'autre côté de la limite que désigne le substantif de la base ». Son souci principal a été de chercher une conception du monde qui puisse inclure et accueillir tous les dimensions, niveaux, domaines, vagues, modes, individus, cultures, etc. *ad infinitum*, car pour lui : tout le monde a raison et chacun « détient une part importante de la vérité, et toutes ces parts de vérités se doivent d'être honorées, chéries et comprises dans un embrassement plus courtois, plus ample et plus compassionnel ». Comme il le précise lui-même, il n'attaque jamais la croyance centrale d'aucune discipline, mais seulement la revendication que telle ou telle discipline a de détenir la vérité unique. Car pour lui, chaque approche est vraie pour l'essentiel… mais partielle. Et il se répète : « vraie, mais partielle, vraie, mais partielle, vraie, mais partielle… », et de rajouter : « … sur ma tombe, j'espère de tout cœur qu'un jour quelqu'un écrira : ce qu'il a dit était vrai, mais partiel ».

L'approche intégrale de Ken Wilber est donc une tentative de réponse « simplexe[8] », car il ne faut pas avoir peur de ce changement de paradigme, afin d'aborder cette complexité avec plus de perspicacité, et donc, une meilleure compréhension du monde dans lequel nous vivons. Wilber présente une manière d'organiser tout ce que l'on sait du monde selon des approches, scientifiques, philosophiques, spirituelles, pratiques, etc. en isolant leur dénominateur commun afin d'en dégager une cohérence d'ensemble. La pensée intégrale, au contraire d'être complexe, tend à simplifier toutes nos connaissances humaines dans tous les domaines de la vie depuis que le monde et monde, mais sans réduire cette connaissance à un réductionnisme mutilant tueur de créativité. Entreprise considérable s'il en est, comprendre la pensée de cet auteur et entrer dans son monde de représentations nous donne des outils efficaces pour mieux appréhender les problèmes auxquels nous sommes tous confrontés.

En résumé, ce que Wilber a essayé de réaliser, non sans un certain génie, c'est une synthèse de toute la connaissance humaine disponible à ce jour dans tous les domaines où se déploie notre conscience. Cela inclut la science, la culture, la psychologie individuelle et sociale et la spiritualité. Mais attention, comme il le précise lui-même, « l'approche intégrale offre des façons plus efficaces et plus complètes de se voir, et de voir aussi le monde autour de soi. Mais il y a une mise en garde nécessaire dès le début : la carte intégrale est,

tout simplement, juste une carte. *La carte n'est pas le territoire[9].* »

Le grand intérêt des recherches de Ken Wilber réside dans
ses concepts clefs et son modèle AQAL. Cette carte est suffisamment opérationnelle pour nous permettre de nous
orienter dans la tour de Babel du monde des sciences dans
laquelle les spécialistes eux-mêmes ne s'y retrouvent guère
générant par-là de nombreuses incompréhensions et frus-
trations de part et d'autre lorsqu'un dialogue est tenté entre
différentes disciplines scientifiques. En outre, ce qui ne gâte
rien à notre affaire, l'AQAL est l'une des cartes les plus
précises qu'il nous soit donné de posséder à l'heure actuelle
pour nous orienter dans toute la connaissance humaine telle
qu'elle a pu être développée jusqu'à aujourd'hui. La navi-
gation dans le monde très hermétique des disciplines scientifiques en est ainsi grandement facilitée. Ce qui n'est pas
le moindre des avantages.

## Les concepts clefs de la vision intégrale

### *Les holons*

C'est un des concepts les plus fondamentaux de toute la
théorie de Ken Wilber. Il emprunte le terme *holon* (hol-on)
à Arthur Koestler pour qui les holons sont des tout/parties
qui composent la réalité. A. Koestler a créé ce mot pour désigner une entité qui est simultanément un tout en soi et une
partie d'un autre tout. Ainsi, le tout d'un quark devient une
partie d'un atome, le tout d'un atome devient une partie
d'une molécule, le tout d'une molécule devient une partie
d'une cellule, et ainsi de suite. Le tout d'un niveau devient
une partie du tout d'un niveau suivant. L'univers entier est
construit à partir de holons et la théorie intégrale est l'étude
des holons où qu'ils apparaissent. Chacune de ces entités

n'est ni un tout ni une partie, mais un tout/partie : un holon. Les holons sont organisés en holarchie.

*Holarchie[10]*

Une holarchie est une hiérarchie naturelle : le tout d'un niveau devient une partie du niveau suivant. Pratiquement tous les processus de croissance, de la matière à la vie et au mental, s'inscrivent dans des holarchies qui sont des hiérarchies naturelles ou des ordres croissants de holisme. Les hiérarchies naturelles ou holarchies ont mauvaise réputation en raison de la confusion entretenue avec les hiérarchies de domination : oligarchies, ploutocraties, aristocratie, synarchie, etc. Elles sont cependant d'une importance cruciale à comprendre, car le non-respect de ces holarchies naturelles conduit aux hiérarchies pathologiques ou de domination. Ce qui est bel et bien l'un des plus gros problèmes de notre époque.

*Les 10 niveaux du processus de croissance :*

Pour Ken Wilber, le processus de croissance est figuré par quatre niveaux pré-personnels, trois niveaux personnels et trois autres trans-personnels, etc. Le tout forme un modèle de développement humain en neuf étapes que l'on peut simplifier selon trois, voire quatre stades : pré-personnels, personnels et transpersonnels ou bien pré-rationnel, rationnel, trans-rationnel ou encore égocentrique, ethnocentrique, mondocentrique, kosmocentrique, etc.

Attention toutefois, pour la « sectorisation » en quatre stades, les écrits de Wilber qui s'inspirent de très nombreux auteurs (il déclare avoir développé son modèle d'après la synthèse d'environ deux cents grilles de développement d'auteurs occidentaux et orientaux) peuvent prêter à malentendu. Par exemple, l'une des grilles de développement qu'il utilise souvent, celle du développement moral de Lawrence Kohlberg, divise également le développement en pré-conventionnel, conventionnel et post-conventionnel. Cela correspond chez K. Wilber aux stades pré-rationnel et rationnel comme indiqué dans le tableau ci-dessous. Ce qu'il ne précise pas toujours et peut entraîner des confusions pour ceux qui le lisent et souhaitent saisir son concept de transrationnel.

| Psychologie sociale | Psychologie transpersonnelle | Ken Wilber | |
|---|---|---|---|
| Post-postconventionnel | Transpersonnel | Transrationnel | Kosmocentrique |
| Post-conventionnel | Personnel | Rationnel | Mondocentrique |
| Conventionnel | Prépersonnel | Prérationnel | Ethnocentrique |
| Préconventionnel | Prépersonnel | Prérationnel | Egocentrique |

*Figure 1*

Cette précision importante étant faite, j'ai choisi de vous présenter ces 10 niveaux de conscience sous forme de tableau, mais la représentation la plus juste serait celle d'une spirale dynamique telle qu'ont pu la concevoir les psychologues Don Beck et Cris Cowan d'après les travaux de leur professeur Clare Graves (ouvrages non traduits en français).

| Niveaux d'existence ou de conscience | | | |
| --- | --- | --- | --- |
| Causal | Trans- | ? | Descendant |
| Subtil | | Corail : pscyhique | |
| Psychique | | Bleu turquoise : holistique | |
| Centaurique/logique-vision° | | Jaune : intégrateur | |
| Formel réflexifs (formop) | Personnel, rationnel, etc. | Vert : l'individu sensible | |
| Mental règle/rôle (conop) | | Orange : réal° scientifique | |
| Mental-rep | | Bleu : ordre mythique | |
| Phantasmatique-émotionnel | Pré- | Rouge : dieux puissants | |
| Physico-sensoriel | | Violet : magique-animiste | |
| Indifférencié/mat° primaire | | Beige : archaïque-instinctuel | |

*Figure 2*

L'idée générale étant que chaque stade décrit une vision du monde différente. Le monde paraît différent et est perçu différemment à chaque niveau et à mesure que de nouvelles capacités cognitives se déploient et évoluent. Pour Ken Wilber ce passage est obligatoirement une *inclusion* et une *transcendance*. C'est-à-dire que la trans-rationalité dépasse et inclut la rationalité qui elle-même transcende et inclut la pré-rationalité. Mais pour que cette évolution, cette inclusion et cette transcendance, soient possibles, il est nécessaire d'intégrer les deux principaux chemins d'accès à la connaissance – l'interne et l'externe – que Ken Wilber appelle « sentier de gauche » et « sentier de droite » chacun s'exprimant soit de façon individuelle, soit de façon collective. Le tout se présente sous la forme de quatre quadrants qui renvoient également à une grille de lecture abordant toute problématique selon un point de vue différent donnant ainsi schématiquement quatre façons d'aborder un problème.

## Les quatre quadrants

Si le spectre de la conscience peut être organisé en niveaux et/ou stades, ou selon un axe vertical symbolisant une holarchie (ou hiérarchie naturelle), l'outil nouveau et sans doute le plus puissant que Ken Wilber met à contribution dans _Une brève histoire de tout_ est cette idée qu'il existe quatre domaines de la connaissance, quatre « quadrants ». Autrement dit il existe une spirale dynamique du développement de la conscience qui progresse selon une hiérarchie naturelle combinée à quatre différentes « dimensions » ou quatre différents champs d'investigation du réel.

Les quatre quadrants, le modèle AQAL, et leurs principaux représentants sont ainsi figurés simplement par K. Wilber (il existe également d'autres représentations plus complètes couplées aux stades du processus de croissance ou à des holarchies correspondant à chaque quadrant) :

| | **SENTIER DE GAUCHE**<br>• Dialogique<br>• Interprétatif, herméneutique<br>• Conscience | **SENTIER DE DROITE**<br>• Monologique<br>• Empirique, positiviste<br>• Forme |
|---|---|---|
| | **Interne** | **Externe** |
| **Individuel** | Supérieur gauche – SG<br>**JE**<br>**Intentionnel (subjectif)** | Supérieur droit – SD<br>**ÇA**<br>**Comportemental (objectif)** |
| **Collectif** | Inférieur gauche – IG<br>**NOUS**<br>**Culturel (intersubjectif)** | Inférieur droit – ID<br>**TOUT CELA/EUX**<br>**Social (interobjectif)** |

_Figure 3_

Dans une présentation simplifiée, Wilber réduit ces quatre quadrants aux trois domaines de la réalité déjà mis en évidence par de nombreux philosophes. Il les appelle les « Trois Grands » : JE, NOUS, ÇA/EUX (les témoignages de la conscience et les comptes rendus phénoménologiques de la première personne : le JE ; les structures intersubjectives de la deuxième personne : le NOUS ; et les systèmes scientifiques de la troisième personne : le ÇA et le EUX qui, fusionnés ensemble, forme ce que Wilber nomme le Grand Un ou _Flatland_). Ces trois sphères peuvent également ment être caractérisées par l'esthétique, la morale, et la science ou encore par la conscience, la culture, et la nature, etc. comme présentées ci-dessous.

|  | Interne | Externe |
|---|---|---|
| **Individuel** | **JE**<br>Perspectives 1ère Personne<br>Esthétiques - Conscience<br>Le Beau (Platon)<br>La Sincérité (Habermas)<br>Etc. | **ÇA/EUX**<br>**Grand Un ou *Flatland***<br>Perspectives 3ème personne<br>Science - Nature<br>Le Vrai (Platon)<br>La Vérité (Habermas)<br>Etc. |
| **Collectif** | **NOUS**<br>Perspectives 2d personne<br>Morale - Culture<br>Le Bien (Platon)<br>La justesse (Habermas)<br>Etc. | |

*Figure 4*

Ces distinctions sont capitales à saisir, car pour Wilber, la grande tragédie de notre époque actuelle est la réduction des trois grands au Grand Un :

> « [...] à la fin du XVIIIe siècle, le développement rapide et vraiment extraordinaire de la science a commencé à déséquilibrer tout le système [les trois grands]. Les progrès des domaines du ÇA/EUX (Grand Un) ont commencé à éclipser puis à réellement nier les valeurs et les vérités des domaines du JE et du NOUS. Les Trois Grands ont commencé à s'effondrer dans le Grand Un : la science empirique, et elle seule, pouvait se prononcer sur l'ultime réalité. La science, comme on dit, est devenue scientisme, ce qui signifie qu'elle ne poursuivait plus seulement ses propres vérités, elle niait avec vigueur qu'il y ait aucune autre vérité quelle qu'elle soit !
> Alors c'est particulièrement à partir du XVIIIe siècle, comme je le disais, que les dimensions intérieures des quadrants de gauche ont été réduites à leurs corrélats empiriques des quadrants de droite. Seuls les TOUT CELA

(ÇA/EUX) objectifs à localisation simple étaient « réellement réels » ! Toutes les dimensions intérieures – dans tous les holons, humains ou autres ! – ont été complètement évacuées, mises de côté, et le fantôme dans la machine[11] a commencé son triste et solitaire gémissement moderne, un cri obsédant rendu encore plus plaintif parce qu'il n'avait pas même le pouvoir d'attirer l'attention. » (Wilber, 1997, pp. 226-227)

Si l'on y réfléchie un tant soit peu, « cette réduction des Trois Grands au Grand Un a produit l'humanisme déshumanisé et l'univers disqualifié qui tendent toujours à dominer le monde moderne et postmoderne[12] » que nous connaissons à l'heure actuelle. Or, cette déshumanisation et cette disqualification sont des éléments essentiels à la compréhension des phénomènes que dévoile la théorie de la perversion narcissique telle que nous aurons à l'examiner dans le cadre de cet essai. C'est dire à quel point tout est lié, car les attaques à l'encontre de ce dévoilement n'ont d'autres buts, conscients ou inconscients, que l'hégémonie du Grand Un ou de la terre plate (*Flatland*) sur l'ensemble de la connaissance humaine. Nous atteignons ici le paroxysme de cette situation dramatique lorsque les zélateurs du Grand Un qui n'hésitent pas à se comporter en véritables inquisiteurs nient avec force et virulence les domaines du JE et du NOUS. Cela se traduit concrètement au niveau des sciences humaines par une guerre ouverte entre les tenants des courants comportementalistes et systémiciens (Grand Un) qui s'en prennent régulièrement aux disciplines qui incarnent les perspectives à la première personne : le JE, subjectif relatif à la conscience, à l'esthétique, au Beau, etc. ; ou bien à celles ayant en charge les perspectives à la seconde personne : le NOUS, intersubjectif concernant la culture, la morale, le Bien, etc. Et c'est en introduisant de telles confusions que les sectateurs du Grand Un peuvent ensuite claironner que la conscience, l'esthétique, le Beau, etc. ou la culture, la morale, le Bien, etc. n'existent pas.

*L'erreur catégorielle et la confusion pré/trans*

Avant de parvenir à conceptualiser son système AQAL, Wilber avait tenté de répondre à des questions épistémologiques fondamentales dans un livre paru en France en 1983 intitulé *Les trois yeux de la connaissance* dans lequel il mit à jour et explicita deux types d'erreurs de raisonnement particulièrement redoutable, comme nous allons le voir, imputable, dans notre société post-moderne, au réductionnisme de la science empirique du Grand Un ou de la Terre plate (Flatland).

En tant que philosophe des sciences, Wilber est amené à s'interroger sur la valeur et la nature des différents savoirs humains, sur ce qu'est précisément le domaine de la science, sur les qualifications de la science concernant les différents domaines de la conscience, sur le statut des sciences sociales qui aspirent au statut de sciences exactes, mais qui semblent véritablement n'occuper que leur propre domaine, et enfin sur la valeur de la connaissance obtenue à travers le yoga ou la méditation par exemple. Ces dernières activités peuvent-elles être considérées comme une forme valide d'étude scientifique ? Ou doivent-elles être rejetées parce que subjectives et non scientifiques ?

Autant de questions qui l'invitent à une profonde réflexion et de longues et fastidieuses recherches qui le conduisent à réintroduire une métaphore utilisée en premier lieu par un auteur mystique chrétien du treizième siècle, St Bonaventure. Ce dernier affirmait que l'être humain dispose de trois « yeux », l'œil de chair, l'œil de raison et l'œil de l'esprit (appelé aussi œil de contemplation). Chacun de ces yeux a accès à un domaine particulier de la réalité. Cette métaphore bien utile permet de structurer les différentes approches dans le domaine de la science et de la connaissance.

L'œil de chair est la capacité de perception sensorielle qui permet à chacun l'exploration du monde matériel. Toutes les sciences exactes, la physique, la chimie, la biologie, la cosmologie, procèdent de cette faculté. Nous y reconnaissons aisément ce que Wilber nommera ultérieurement le Grand Un lorsqu'il formalisa l'AQAL.

L'œil de raison est l'intellect qui permet à l'individu de percevoir les significations pratiquement de la même façon directe que l'œil de chair permet de percevoir les objets. Les sciences humaines, la psychologie, la philosophie, l'étude de la littérature, l'histoire, la théologie, etc. ainsi que la logique et les mathématiques sont fondées sur cette faculté. Ces disciplines ont leur domaine propre et unique, domaine qui ne peut être réduit au monde visible et matériel de la physique.

Le troisième œil est l'œil de la contemplation. Cet œil est encore fermé chez la plupart des gens, mais peut être ouvert par la pratique de la méditation intensive. L'ouverture de ce troisième œil révèle un autre domaine distinct de la réalité, qui est aussi différent du deuxième que le deuxième est différent du premier. Pour Wilber toutes les sciences spirituelles, telles que le yoga, sont fondées sur la capacité de perception transcendante. Et, d'après lui, les intuitions que l'on obtient après une méditation profonde, et qui ne peuvent être obtenues que par elle, transcendent à la fois le domaine des sens et celui de l'intellect.

Les trois yeux de la connaissance et les différents types de savoir scientifique qu'ils impliquent peuvent être ainsi résumés :

3. L'œil de la contemplation :   – Intuition spirituelle
2. L'œil de raison :   – Sciences humaines et sociales
1. L'œil de chair :   – Sciences naturelles

Nous noterons que selon cette métaphore, si l'œil de chair est comparable au Grand Un, il n'en est pas de même pour le second et le troisième œil qui tous deux représentent des niveaux différents du développement humain dans les quadrants du JE et du NOUS. D'où les modifications ultérieures que Wilber apporta à ce premier modèle en concevant l'AQAL, son Système d'Exploitation Intégral (SEI) à quatre quadrants. Il n'en demeure pas moins que dès cette représentation, Wilber créa une base anthropologique pour ces trois grands groupes de sciences ce qui permit d'appréhender les tensions existantes entre les sciences exactes et les sciences humaines au travers de la relation toujours problématique entre le corps et l'esprit, relation que les philosophes appellent : le « problème de l'union de l'âme et du corps ».

Cette base anthropologique est d'une efficacité redoutable, car le statut scientifique des sciences humaines est un sujet aussi polémique que le statut ontologique de la vie intérieure de l'individu. Alors que les psychologues ont par tradition assumé la tâche d'étudier cette dimension intérieure, ces études, notamment outre-Atlantique, se sont souvent confinées à l'observation de la conduite humaine afin d'assurer un statut scientifique à la discipline qu'est la psychologie. Cependant, pour Wilber, c'est inacceptable dans la mesure où cela réduit effectivement le mental au physique (la réduction du JE et du NOUS au Grand Un) et il revendique que la réalité de la vie intérieure soit reconnue comme un domaine qui peut être étudié de manière scientifique de plein droit. Même si la réalité de la vie intérieure de l'individu ne peut être perçue directement par l'œil de la chair, l'œil introspectif de la raison est capable de l'étudier. Wilber soutient aussi que la vie intérieure d'un individu comprend beaucoup de niveaux et qu'on ne peut accéder à ces différents niveaux que par une pratique de la méditation intensive.

Wilber insiste sur le fait qu'il est extrêmement important de ne pas confondre ces trois domaines du savoir, le monde perçu par les sens, la dimension perçue par l'intellect, et la réalité atteinte par la perception transcendante. Tant et si bien que : « si une personne refuse de former comme il se doit un œil particulier (charnel, mental, contemplatif), elle refuse en quelque sorte de regarder, et nous sommes en droit de ne tenir aucun compte de ses opinions et de lui refuser voix au chapitre dans le cadre du consensus collectif. Quelqu'un qui refuserait d'étudier la géométrie ne serait pas autorisé à se prononcer sur la validité du théorème de Pythagore ; quelqu'un qui refuserait de s'ouvrir à la contemplation n'aurait pas autorité pour juger de la réalité de la Nature ou de l'Esprit de Bouddha. Autrement dit, un individu qui ignore la composante 1 de la connaissance, sera exclu des composantes 2 et 3. Nous dirons donc que le savoir de cette personne n'est pas approprié à sa tâche. Les ecclésiastiques qui *refusèrent* de regarder à travers le télescope de Galilée n'étaient pas habilités à se prononcer sur les données de l'œil de chair, et leurs opinions dans ce domaine ne devaient pas être prises en considération[13]. »

Pour traduire ceci en termes plus triviaux, nous pouvons nous référer au proverbe chinois : « Lorsque le sage montre la lune, l'idiot, lui, regarde le doigt » ou bien à la métaphore des lunettes qu'il faut revêtir pour chaque œil avec lequel on observe la réalité. Nous sommes alors en mesure de comprendre que pour observer les étoiles, il est préférable de regarder à travers un télescope plutôt que d'utiliser l'œil de raison ou l'œil de contemplation, etc.

Cette confusion couramment entretenue par les philosophies, les religions et les sciences modernes, Wilber la qualifie d'*erreur catégorielle* qui est l'usurpation par un œil des rôles des deux autres. Les exemples de ce type d'erreurs dans ces différents domaines (philosophique, religieux ou scientifique) sont innombrables et les conséquences délétères sur notre société incalculables. Pour toucher du doigt ce problème, illustrons-le quelque peu : « le conflit entre la science empirique et la religion est, et a toujours été, un conflit entre les aspects pseudo-scientifiques de la religion et les aspects pseudo-religieux de la science », écrit K. Wilber. « Dans la mesure où la science demeure la science et la religion la religion, tout conflit disparaît – ou plus exactement, tout conflit se manifestant est la conséquence d'une erreur catégorielle : les théologiens essaient de jouer aux scientifiques, ou les scientifiques aux théologiens[14]. » Etc.

C'est le bon sens qui devrait prévaloir ici et guider notre raisonnement : ce n'est pas parce que l'on pratique intensément l'alpinisme que l'on est compétent pour soutenir un débat sur la théorie des cordes. Si l'un n'empêche pas l'autre, s'attaquer à une telle théorie nécessite des compétences approfondies dans les domaines de la mécanique quantique et de la relativité générale qu'un alpiniste, aussi courageux et intelligent soit-il, n'aura probablement pas le temps, où l'envie, d'acquérir. Ce qui le rend illégitime à formuler une opinion sur la théorie des cordes… et inversement : le physicien quantique qui n'a jamais pratiqué l'alpinisme ne saurait en aucun cas remplacer en tête de cordée le guide de haute-montagne expérimenté.

Si cette métaphore tombe sous le sens, il n'en va pas de même dans le domaine des concepts et des idées, notamment en raison de l'*erreur catégorielle* issue de la réduction du JE et du NOUS au Grand Un dont Wilber retrace historiquement le long cheminement dans plusieurs ouvrages en apportant de très nombreux exemples à l'appui de ses thèses. C'est ainsi que pour éviter ce type d'erreur, Wilber en vint à concevoir son système d'exploitation intégral (SEI ou modèle AQAL) :

> « Il y a maintenant une quantité extraordinaire de recherches sur les états cérébraux organiques et leurs relations avec la conscience, tant et si bien qu'un grand nombre de chercheurs orthodoxes ont tendance à simplement réduire la conscience à des mécanismes du cerveau. Ce réductionnisme, cependant fait grand tort aux contours même de la conscience, réduit les expériences du "je" aux systèmes du "ça", et nie dans son ensemble les réalités phénoménales des domaines intérieurs. Cette réduction insidieuse du quadrant supérieur gauche au quadrant supérieur droit est évitée lorsque nous adoptons une approche tous quadrants, tous niveaux qui refuse de réduire illégitimement un niveau, une ligne ou un quadrant à un autre. »
> (Wilber, 2000, p. 81)

Il est d'autant plus crucial de chercher à éviter ce type d'erreur de raisonnement que *la plupart des guerres dites de « religion » ont été menées sur la base de cette erreur catégorielle qui a également été l'un des principaux moteurs de l'Inquisition.* C'est dire à quel point elle a pu peser et pèse encore sur les épaules de l'humanité qui en est encore à l'« ère barbare des idées » (Morin, 1990) du fait même qu'à l'heure actuelle, après la période inquisitoriale durant laquelle les théologiens se sont pris pour des scientifiques, cette réduction s'est inversée et c'est désormais la science empirique du Grand Un qui use ni plus ni moins de procédés qui n'ont rien à envier à la façon dont les inquisiteurs se sont comportés durant des siècles envers les hommes de sciences. Sauf que ces méthodes sont beaucoup plus subtiles et insidieuses, mais tout aussi violentes quant à leurs conséquences, que celles dont usent certaines religions.

Pour reformuler les choses afin qu'elles apparaissent plus claires, durant toute la période de l'Inquisition, l'Église a exercé un pouvoir sans partage et a réduit le Grand Un au JE et au Nous. Désormais, ce sont les disciplines concernées par le Grand Un qui exerce un pouvoir sans partage et réduisent le JE et le NOUS au Grand Un. Dans les deux cas, il y a inquisition de l'un des sentiers de la connaissance sur l'autre et ce même si cette inquisition ne prend pas les mêmes formes selon qu'elle soit religieuse ou scientifique.

Ces questions sont aujourd'hui d'une importance capitale comme nous le verrons lorsqu'il s'agira de présenter Edgar Morin.


Après avoir détaillé par de multiples exemples cette erreur catégorielle sur plusieurs chapitres de son livre *Les trois yeux de la connaissance*, Wilber s'attaque à une autre clé de décryptage des erreurs de raisonnement communes à tous ceux qui sont animés par un désir de connaissance sincère. Afin de ne pas se laisser enfermer dans de faux problèmes, cette autre clé précieuse est tout aussi indispensable à connaître que l'erreur catégorielle. Il s'agit de ce que Wilber a nommé la confusion pré/trans qui interfère avec le changement de paradigme qui tarde à émerger pour répondre aux crises de notre société moderne :

> « Il est toutefois un autre obstacle à l'émergence d'une vision du monde complète, et celui-ci est sans conteste le

plus fascinant de tous. Cet obstacle, cette confusion, a corrompu, sous ses formes diverses, les travaux des psychologues de Freud à Jung, des philosophes de Bergson à Nietzsche, des sociologues de Lévy-Bruhl à Auguste Comte. On le retrouve aussi bien derrière la vision du monde mythologique et romantique que derrière la vision rationnelle et scientifique ; aussi bien dans les tentatives actuelles visant à prôner le mysticisme que dans celles visant à le dénoncer. Je suis convaincu que tant que cet obstacle n'aura pas été levé, tant que cette confusion n'aura pas été dissipée, nous serons dans l'incapacité d'élaborer une vision du monde qui soit vraiment complète. J'ai baptisé cet obstacle la "confusion pré/trans" et j'entends en expliquer la nature dans le cadre de ce chapitre. » (Wilber, 1983, p. 137)

Cette confusion pré/trans – « cpt » en abrégé – est issue de la synthèse que Wilber établit à partir de la philosophie du développement, dont l'un des plus éminents représentants en Occident est sans conteste Hegel, et en Orient, Aurobindo ; et de la psychologie du développement, Baldwin et Piaget, en Occident, le yoga kundalini en Orient. Elle s'appuie sur le postula d'une vision évolutive générale et s'apparente à la théorie de la récapitulation du biologiste évolutionniste Ernst Haeckel qu'il formula sous l'aphorisme : « l'ontogenèse récapitule la phylogenèse » et qui *débarrassé de ses apories* et transposé du domaine du Grand Un à ceux du JE et du NOUS, se traduit ainsi : « l'onto-psychogenèse de l'homme récapitule la phylo-psychogenèse de l'humanité ».

« Selon cette conception, tout phénomène donné existe dans, et en tant que, flux de développement, et un des meilleurs moyens d'appréhender la nature du phénomène consiste à retrouver la trame de son développement – retracer son historique, établir son évolution, découvrir son contexte non seulement dans l'espace, mais encore dans le temps. Cette notion est capitale [...] si on s'emploie à considérer le monde dans son ensemble en termes d'évolution, il nous apparaîtra lui-même comme évoluant dans une direction définie, c'est-à-dire, vers des niveaux toujours plus élevés d'organisation structurale, vers un holisme, une intégration, une attention, une conscience toujours plus grands. Il suffit d'envisager l'évolution qu'a connue le monde à ce jour – de la matière aux êtres humains en passant par les végétaux, les animaux inférieurs et les mammifères – pour s'apercevoir qu'elle se caractérise par une croissance prononcée vers une complexité et une attention sans cesse croissantes. » (Wilber, 1983, p. 138)

En résumé, « *tous les phénomènes se développent*, donc une phénoménologie authentique est toujours évolutive, dynamique – ce fut, par exemple, l'essence de la *Phénoménologie de l'Esprit* de Hegel[15] ». Mais c'est également, et ce fait est à souligner, l'essence même de la psychanalyse qui malgré toutes les erreurs et les tâtonnements que l'on est en droit de lui reprocher n'en demeure pas moins une vision psychodynamique de l'homme et de l'humanité, ce qui justifie le fait de ne pas l'écarter de nos moyens de connaissance au risque de faire perdurer les erreurs catégorielles et la confusion pré/trans responsables de bien des maux actuels de notre civilisation.

De nombreux travaux que je ne peux ici rapporter pour ne pas surcharger de plus cet opus ont été consacrés à cette vision du monde, mais en rapport au sujet de ce livre, je conseillerais au lecteur la lecture de l'excellent ouvrage de Jeremy Rifkin, *Une nouvelle conscience pour un monde en crise : vers une civilisation de l'empathie*[16], auquel j'ai pu consacrer tout un dossier composé de trois articles[17] en raison des nombreux exemples dont ce livre est doté pour nous faire percevoir le « fil rouge » du développement humain et des civilisations que l'homme a créé depuis son apparition sur Terre.

> « Il est relativement simple de formuler l'essence de la confusion pré/trans. Nous commençons tout simplement par *supposer* que les êtres humains ont en réalité accès à trois domaines généraux d'être et de connaissance – le sensoriel, le mental et le spirituel. La terminologie variera selon les préférences : subconscient, conscient et surconscient, ou prérationnel, rationnel et transrationnel, ou prépersonnel, personnel et transpersonnel. La difficulté est liée à un fait assez simple : le *pré* rationnel et le *trans* rationnel, par exemple, sont *non*-rationnels, chacun à leur manière, en conséquence, ils paraissent relativement semblables, voire identiques au regard du profane. Cette confusion – entre « pré » et « trans » a deux conséquences possibles : les domaines transrationnels sont réduits au niveau pré-personnel, ou les domaines prérationnels sont élevés à une gloire transrationnelle. Dans un cas comme dans l'autre, la vision du monde est tronquée, une moitié du monde réel (le « pré » ou le « trans ») étant victime d'une profonde erreur de traitement et de compréhension. » (Wilber, 1983, p. 137)

Comme exemple paradigmatique de cette confusion pré/trans qui nous intéresse dans le cadre de cet essai, nous pourrions prendre les théories de Freud et Jung en ce qui concerne le développement psychologique humain. Freud avait une notion correcte du ça prépersonnel (l'inconscient, l'infantile en soi) et du moi personnel, mais il réduisit toutes les expériences spirituelles et transpersonnelles au niveau prépersonnel. Les intuitions transtemporelles sont expliquées comme étant des pulsions prétemporelles du ça considérées comme une régression vers un narcissisme présujet/objet. Ce qui peut effectivement être parfois le cas, mais pas toujours et pas nécessairement. Freud interprète l'union transpersonnelle comme une fusion prépersonnelle. En ce qui concerne Jung, Wilber a le sentiment qu'il se situe à l'extrême opposé. Il avait une notion correcte et très claire de la dimension transpersonnelle ou spirituelle, mais il la fondait et la confondait souvent avec les structures prépersonnelles. Pour Jung, il n'est que deux domaines majeurs : le personnel et le collectif – et il a donc tendance, comme Assagioli lui-même l'a fait remarquer, à obscurcir les différences importantes et profondes existant entre l'inconscient collectif inférieur et l'inconscient collectif supérieur ; soit entre le collectif prépersonnel et le collectif transpersonnel. Ainsi, Jung se retrouve-t-il parfois amené non seulement à glorifier des formes de pensée mythiques infantiles, mais encore à faire subir un traitement régressif à l'Esprit.

Quoi qu'il en soit, ces deux visions du monde s'opposent au sein même d'une même discipline ou d'un domaine d'investigation représenté par l'un des quatre quadrants de l'AQAL. Force est donc de reconnaître que le domaine du savoir est devenu une vaste forêt où il devient de plus en plus difficile de s'orienter et où les complications et les contradictions sans fin finissent par dérouter les plus motivés d'entre nous animés par un sincère désir de connaissance. Il n'est ici nullement question de « tout savoir sur tout » ce qui ne serait que pure sottise, mais simplement de prendre conscience que nous avons besoin de poser des jalons dans la fragmentation actuelle du savoir. Ces repères n'ont d'autres buts que de nous permettre de mettre chaque pièce du puzzle à sa place pour avoir une idée suffisamment précise de l'image d'ensemble qu'elles composent. C'est le but et l'intérêt de la vision intégrale de Wilber que de pouvoir situer chaque approche, en tracer les limites et en reconnaître les forces et les faiblesses et avoir su nous éclairer sur les erreurs catégorielles et la confusion pré/trans qui provoquent ce que j'appelle respectivement des *dissonances intethéoriques* et des *dissonances infrathéoriques*.

Pour formaliser tout ceci qui pourrait sembler complexe aux profanes, je vous propose un positionnement de quelques penseurs renommés et de leur théorie par rapport à leurs différentes manières d'appréhender la réalité d'après le modèle AQAL de Wilber. Ce précieux complément d'information nous aidera à mieux saisir le contexte d'énonciation de leur modèle respectif en les situant correctement dans leur champ de recherche et d'après le point de vue qu'ils adoptent pour décrire le « réel » et les « vérités » qu'ils énoncent. Leur disposition sur la carte AQAL nous permet de visualiser l'erreur catégorielle dans laquelle nous pouvons facilement nous laisser entrainer lorsque l'on utilise, par exemple, les arguments d'un Skinner ou d'un Watson pour « contrer » les représentations d'un Freud ou d'un Piaget :

|  | Interne | Externe |
|---|---|---|
| **Individuel** | **JE**<br>(intentionnel)<br>Freud<br>C.G. Jung<br>Piaget<br>Aurobindo<br>Plotin<br>Gautama Bouddha | **ÇA**<br>(comportemental)<br>B.F. Skinner<br>John Watson<br>John Locke<br>Empirisme<br>Behaviorisme<br>Physique, biologie, neurologie, etc. |
| **Collectif** | **NOUS**<br>(culturel)<br>Thomas Kuhn<br>Wilhelm Dilthey<br>Jean Gebser<br>Max Weber<br>Hans-Georg Gadamer | **TOUT CELA/EUX**<br>(social)<br>Théorie des systèmes<br>Talcott Parsons<br>Auguste Comte<br>Karl Marx<br>Gherhard Lenski |

*Figure 5*

La carte AQAL ne se limite pas aux représentations que nous venons d'en faire. Préalablement à la découverte des quatre quadrants, Wilber avait observé que notre conscience évoluait selon une progression qui prenait la forme d'une holarchie ou hiérarchie naturelle (à ne pas confondre avec les hiérarchies de pouvoir) et s'organisait en spirale. D'où le rapprochement qu'il fit entre, d'une part, la théorie de l'émergence cyclique des niveaux d'existence bio-psycho-sociaux ou ECLET développée par Clare Graves et ses successeurs, Don Edward Beck et Christopher Cowan, et d'autre part, son modèle à quatre quadrants. Wilber les fusionna pour modéliser son modèle AQAL plus complet.

Ce qui m'amène à présenter brièvement la théorie de l'émergence cyclique des niveaux d'existence bio-psycho-sociaux ou ECLET de Clare Graves aussi connue sous le nom de Spirale dynamique.

[7] **Wilber**, Ken (2017), *Le livre de la vision intégrale*, Paris : InterEditions, 240 p. (p. 16).

[8] **Berthoz**, Alain (2009), *La simplexité*, Paris : Odile Jacob, 256 p.
« La simplexité, telle que je l'entends, est l'ensemble des solutions trouvées par les organismes vivants pour que, malgré la complexité des processus naturels, le cerveau puisse préparer l'acte et en projeter les conséquences. Ces solutions sont des principes simplificateurs qui permettent de traiter des informations ou des situations, en tenant compte de l'expérience passée et en anticipant l'avenir. Ce ne sont ni des caricatures, ni des raccourcis ou des résumés. Ce sont de nouvelles façons de poser les problèmes, parfois au prix de quelques détours, pour arriver à des actions plus rapides, plus élégantes, plus efficaces. »

[9] *Ibid.* (p. 18).

[10] Ken Wilber emprunte le concept d'holarchie à Arthur Koestler qui l'a présenté dans son ouvrage *The Ghost in the Machine* (1967) traduit en français sous le titre *Le cheval dans la locomotive* (1980). Si A. Koestler s'est risqué à introduire le néologisme de « holon », bien que le citant, il ne s'est toutefois pas aventuré à risquer celui de holarchie dont la pertinence est toutefois apparue à Ken Wilber qui en a explicité de nombreux exemples pour chacun des quatre quadrants de son système AQAL.
« Une holarchie est une hiérarchie de holons, c'est-à-dire d'éléments qui sont à la fois un tout en eux-mêmes et une partie d'un système plus vaste. [...] Un livre est un holon. Il est constitué de parties, elles-mêmes subdivisées en chapitres, constitués de paragraphes, regroupant des phrases qui sont un assemblage de mots. Le livre fait partie d'une collection, qui traite d'un sujet, qui fait partie d'une catégorie du savoir humain, etc. Chaque niveau d'une holarchie transcende et inclut le précédent, c'est-à-dire qu'il l'englobe sans le remplacer et apporte des fonctions supplémentaires. » (*La Spirale Dynamique* de Fabien Chabreuil et Patricia Chabreuil.)

[11] **Koestler**, Arthur (1980), *Le cheval dans la locomotive*, Paris : Calmann-Levy, 345 p.

[12] **Wilber**, Ken (1997), *op. cit.*, (p. 231).

[13] **Wilber**, Ken (2013), *Les trois yeux de la connaissance*, Paris : Almora, 512 p. (p. 29).

[14] *Ibid.* (p. 30).

[15] *Ibid.* (p. 138).

[16] **Rifkin**, Jeremy (2011), *Une nouvelle conscience pour un monde en crise : vers une civilisation de l'empathie*, Paris : Les Liens qui Libèrent, 656 p.

[17] **Vergnes**, Philippe (2013), « Empathie, conscience morale et psychopathie – Le développement moral (partie 1/3) », sur le site *Perversions narcissiques et psychopathies : théories et concepts*. Consulté le 19 novembre 2019, URL : https://perversionnarcissiqueetpsychopathie.com/2013/12/26/empathie-conscience-morale-et-psychopathie-le-developpement-moral-partie-13/

**Vergnes**, Philippe (2013), « Empathie, conscience morale et psychopathie – L'intelligence émotionnelle (partie 2/3) », sur le site *Perversions narcissiques et psychopathies : théories et concepts*. Consulté le 19 novembre 2019, URL : https://perversionnarcissiqueetpsychopathie.com/2014/01/09/empathie-conscience-morale-et-psychopathie-lintelligence-emotionnelle-partie-23/

**Vergnes**, Philippe (2013), « Empathie, conscience morale et psychopathie – Une nouvelle conscience pour un monde en crise (partie 3/3) », sur le site *Perversions narcissiques et psychopathies : théories et concepts*. Consulté le 19 novembre 2019, URL : https://perversionnarcissiqueetpsychopathie.com/2014/08/21/empathie-conscience-morale-et-psychopathie-une-nouvelle-conscience-pour-un-monde-en-crise-partie-33/

# — **Chapitre II** —

*La Spirale Dynamique de Clare Graves*

> « La psychologie de l'être humain ma-
> ture se développe selon un processus
> émergent, oscillant, en spirale, caracté-
> risé par la subordination progressive de
> systèmes comportementaux anciens et
> inférieurs à des systèmes plus récents et
> supérieurs, à mesure que les problèmes
> existentiels de l'homme évoluent. » (Dr.
> Clare W. Graves)

Pour comprendre la vision intégrale ou la pensée intégrale de
Ken Wilber et sa théorie de tout, nous devons nous intéresser
à la Spirale Dynamique de Clare Graves et aux enseignements
que nous pouvons tirer de ce modèle quant à l'évolution de
l'humanité et des civilisations.

Prétendre élaborer une théorie de tout peut apparaître bien
présomptueux. Néanmoins, si nous considérons l'état actuel
de la science matérialiste et des croyances qu'elle a intro-
duites dans nos modes de pensée, nous ne pouvons que constater que la fragmentation actuelle du savoir nous impose

l'obligation de construire des repères et de remettre chaque chose à sa place pour ne pas se laisser happer par le trou noir du confusionnisme ambiant générant des incompréhensions insolubles qui, *in fine*, aboutissent immanquablement à la guerre de tous contre tous du fait de l'état de chaos qui y règne.

Fort de ces constats, il importe donc de savoir d'où l'on parle et d'où parlent nos interlocuteurs pour mieux saisir leurs croyances et les nôtres afin de leur apporter des réponses appropriées. Connaître la double position d'où l'on parle, tant sur un plan vertical (les niveaux de conscience tels que Clare Graves a pu les synthétiser) que sur un plan horizontal (le modèle AQAL qui présente les différentes approches de la réalité), nécessite de relier les connaissances dans un méta-système capable d'en donner une représentation (cartographie) plus complète quand bien même une carte, aussi précise soit-elle, n'est pas le territoire qu'elle représente (*cf. infra* la sémantique générale d'Alfred Korzybski).

Qu'est-ce donc que la Spirale Dynamique et que nous enseigne-t-elle sur l'évolution des individus, des sociétés et du monde dans lequel nous vivons ?

La Spirale Dynamique est une approche psychologique basée sur l'étude statistique de données relatives aux *valeurs* auxquelles s'attache tout être humain immergé dans un contexte culturel donné. C'est un modèle d'évolution et de développement centré sur les visions du monde et les systèmes de pensée des individus, des organisations, des sociétés et des civilisations qui permet de comprendre comment les hommes s'organisent et pourquoi ils sont amenés à changer. Il rend compte de la façon dont les personnes interagissent avec leur environnement ainsi que de leurs capacités d'adaptations aux situations particulières qu'ils sont amenés à vivre. En ce sens, cette théorie diffère des approches classiques en sciences humaines qui catégorisent les individus en tant que « type ». Elle répond à la question du comment nous nous représentons le monde (conceptualisation), plutôt que ce à quoi nous pensons (concepts) en se basant sur une holarchie de besoins incarnés par des systèmes de valeurs se superposant les uns aux autres. Autrement dit, nos représentations du monde dépendent d'un système de valeur qui change qualitativement au fur et à mesure de l'évolution de nos besoins personnels (*cf.* « La pyramide des besoins de Maslow ») et cet état de fait a de très nombreuses incidences sur l'état du monde, les sociétés et les individus qui les composent.

La Spirale Dynamique est un outil puissant qui peut être utilisé tant pour comprendre la phylogenèse de l'humanité que l'ontogenèse de l'être humain évoluant dans différents environnements culturels. Comme le précise Ken Wilber, les études portant sur le développement de la conscience humaine « s'avèrent être une partie cruciale de toute véritable théorie de Tout[18] », il est donc important de connaitre les travaux de C. Graves sur les différents niveaux d'existences (rebaptisés ultérieurement « niveaux de conscience »).

C. Graves a développé le modèle de la Spirale Dynamique entre 1952 et 1958, d'abord sous le nom d'ECLET (Théorie émergente et cyclique des niveaux d'existence), à partir de l'étude des systèmes de valeurs qui sous-tendent nos différentes visions du monde. Cette théorie repose sur des études statistiques scientifiquement validées et a été popularisée et complétée par Don Edward Beck et Christopher C. Cowan. C. Graves a résolu le problème des valeurs affichées par un être humain, une organisation ou une société en observant qu'elles étaient organisées en trois strates : les valeurs de surface, les valeurs cachées – masquées ou implicites – et les valeurs profondes :

- Les valeurs de surface sont celles qui sont manifestées publiquement et ouvertement dans tous les actes de l'existence.

- Les valeurs cachées se présentent sous deux formes : les valeurs cachées masquées qui sont des valeurs dont nous voulons qu'elles restent ignorées des autres parce qu'elles sont en contradiction avec les valeurs de surface et les valeurs cachées implicites qui ne sont pas formulées expressément et complètent les valeurs de surface sans forcément s'opposer à elles.

- Les valeurs profondes sont des structures qui conditionnent les valeurs de surface et les valeurs cachées.

La Spirale Dynamique ne décrit que les valeurs profondes dans les huit niveaux d'existence qu'elle a identifiés à ce jour. Plus les valeurs sont profondes, plus elles sont inconscientes et abstraites, et plus elles sont difficiles à changer. Ces invariants sont présentés sous le concept de mème (ou $^V$Mêmes pour « valeurs mèmes » à ne pas confondre avec les mèmes de la mémétique) qui à chaque niveau d'existence (ou de conscience) possède ces propres lois fondamentales rendant ainsi possible une vision du monde cohérente et unifiée.

C. Graves a initialement désigné chaque niveau d'existence par une paire de lettres. La première faisant référence aux conditions de vie et la seconde ayant trait aux capacités cérébrales. Les conditions de vie activent des capacités cérébrales qui permettent la mise en œuvre des niveaux d'existence. Ces capacités cognitives représentent nos capacités d'adaptation face aux conditions de vie produites par les différents types de sociétés. L'émergence de nouveaux niveaux d'existence ne correspond donc pas un progrès de l'intelligence, mais plutôt à la façon dont nous réagissons aux problèmes générés à chaque étape du processus de développement de la conscience qui doit intégrer la gestion d'un monde de plus en plus complexe. Ce qui signifie qu'aucun niveau d'existence n'est bon ou mauvais en soi, et ne peut être jugé supérieur ou inférieur à un autre. Le seul critère d'évaluation d'un niveau d'existence réside dans sa capacité à répondre de façon adaptée aux conditions de vie en vigueur dans une société donnée qui découlent des différents modes de pensée. Par exemple, le niveau moderniste-matérialiste-capitaliste ER orange est-il adapté aux enjeux environnementaux actuels (changements climatiques, perte de la biodiversité, pollutions, etc.) ? Ainsi, la progression de la spirale se fait par alternance entre les niveaux d'expression du soi (JE) et de sacrifice du soi (NOUS). Dans les niveaux d'expression du soi (JE), c'est le collectif (NOUS) qui est sacrifié et dans ceux où le collectif domine (NOUS), c'est l'expression du soi (JE) qui est sacrifiée. Situation traduite par la période d'Inquisition de la religion envers la science durant des siècles ou inversement et actuellement, par la période d'Inquisition de la science envers la religion. Ce n'est toujours que bonnet-blanc et blanc-bonnet.

Il en résulte que le sacrifice est toujours présent sous différentes formes – sacrifice du soi (JE) ou sacrifice du collectif (NOUS) – tout au long de l'évolution humaine. Chacun des six niveaux d'existence de la conscience du premier palier se construit par opposition à celui qui le précède, car les problèmes qu'engendre un niveau de conscience ne sont résolus que par un développement cognitif qui transcende et inclut le niveau précédent. Ce nouveau développement cognitif génère à son tour des problèmes qui ne peuvent être résolus que par un nouveau mode de pensées, etc. La Spirale Dynamique est donc organisée en holarchie (ou hiérarchie naturelle), mais seule l'évolution vers la conscience de second palier est à même de résoudre le problème posé par la logique sacrificielle (individuelle, JE, ou collective, NOUS) à l'œuvre dans les niveaux de conscience du premier palier. D'où l'importance et l'urgence d'une « révolution jaune » ! (qui se caractérise par l'abandon des veilles pratiques sacrificielles du JE ou du NOUS et l'adoption d'un niveau de conscience plus intégratif, plus respectueux des autres, plus compassionnel, etc.).

<table>
<tr><td colspan="3">LES NIVEAUX D'EXISTENCE OU DE DÉVELOPPEMENT DE LA CONSCIENCE</td></tr>
<tr><td rowspan="3">2<sup>d</sup> p. : existentiel</td><td>?</td><td>Post-intégral – IV (C'P') Corail<br>… (?)</td></tr>
<tr><td>En cours d'<u>émergence</u></td><td>Intégral mature – HU (B'O') Turquoise (NOUS – je)<br>Comme « jaune » + dimension spirituelle-holistique, cosmocentrique, évolution consciente, ouverture et bienveillance, self-actualisation</td></tr>
<tr><td>Depuis 30 ans</td><td>Intégral émergent – GT (A'N') Jaune (JE – nous)<br>La tête et le cœur, perspective multiple, réapparition de hiérarchies naturelles, autonomie, système et complexité, flexibilité, flow, diminution de la peur</td></tr>
<tr><td rowspan="6">1<sup>er</sup> palier : survie</td><td>Depuis 100 ans</td><td>Post-moderne – FS Vert (NOUS)<br>Pluralisme, subjectif, sensible, égalitaire, mondocentrique, défense des droits civils, environnementaliste, féministe, progressiste</td></tr>
<tr><td>Depuis 500 ans</td><td>Modernisme – ER Orange (JE)<br>Rationalité, science, démocratie, individualisme, capitalisme, matérialisme, réussite, sécularisme, goût du risque et de l'autonomie</td></tr>
<tr><td>Depuis 5.000 ans</td><td>Traditionnel – DQ Bleu (NOUS)<br>Règles, rôles, discipline, foi fondamentaliste en Dieu ou en la vérité, morale, sensible à la culpabilité, conservateur</td></tr>
<tr><td>Depuis 10.000 ans</td><td>Guerrier – CP Rouge (JE)<br>Égocentrique, agressif, exploiteur, courageux, patriarcal, gangs et milices, sensible à la honte, mais pas à la culpabilité, gratifications immédiates</td></tr>
<tr><td>Depuis 50.000 ans</td><td>Tribal – BO Violet (NOUS)<br>Magique, impulsif, superstitieux, la sécurité dans la tribu, rituels, communauté, suit les anciens et les coutumes, émotions brutes</td></tr>
<tr><td>Vieux de 250.000 ans</td><td>Archaïque – AN Beige (JE)<br>Survie, instinct et intuition, égo non différencié, orienté vers la sécurité à court terme, rencontré dans les zones de guerres et après les désastres</td></tr>
</table>

*Figure 7*

## Présentation résumée de l'ECLET[19] :

Les six premiers niveaux sont les « niveaux de subsistance » – ou de « survie » marqués par une pensée de « premier palier ». Il y a ensuite une transformation radicale de la conscience qui ouvre sur l'émergence des « niveaux d'être » (dont on dénombre deux niveaux principaux), et de la « pensée de second palier ». Voici une brève description de chacun des huit niveaux – ou « vagues » –, avec le pourcentage estimé de la population mondiale et le pourcentage de pouvoir social détenu par chacun d'eux.

**1. *Beige : Archaïque-instinctuel.*** Le niveau de survie élémentaire : la nourriture, l'eau, la chaleur, le sexe et la sécurité dominent. Fonctionnement basé sur les habitudes et les instincts. Niveau orienté vers une survie élémentaire. Le moi distinct est tout juste éveillé, à peine soutenu. Se rassemble en *groupes de survie*.

Observé : Premières sociétés humaines, nouveau-nées, personnes séniles, personnes atteintes de stades avancés de la maladie d'Alzheimer, personnes en régression vivant dans la rue, masses affamées, personnes en état de choc. Environ 0,1 % de la population adulte, 0 % du pouvoir.

**2. *Violet : Magique-animiste.*** Mode de pensée animiste : des esprits magiques, bons et mauvais, habitent le monde et déterminent les événements en dispensant sorts, bienfaits et malédictions. Se rassemble en *tribus ethniques*. Les esprits existent chez les ancêtres et soudent la tribu. La parenté et la lignée déterminent la politique. Peut sembler « holistique », mais est en fait atomistique : « Il y a un nom pour chaque méandre du fleuve, mais aucun nom pour le fleuve ».

Observé : Croyances aux sortilèges de type vaudou, serments de sang, vendetta, amulettes, rituels familiaux, croyances ethniques magiques et superstitions ; présent dans le tiers-monde, les gangs, les équipes sportives, et les « tribus-entreprise ». 10 % de la population, 1 % du pouvoir.

**3. *Rouge : Dieux puissants*.** Première apparition de l'individu distinct de la tribu : puissant, impulsif, égocentrique, héroïque. Esprits magico-mythiques, dragons, bêtes féroces et personnages puissants. Dieux et déesses archétypiques, êtres puissants, forces bonnes et mauvaises, dont il faut tenir compte. Les seigneurs féodaux protègent les vassaux en échange de l'obéissance et du travail. Fondement des *empires féodaux* ; pouvoir et gloire. Le monde est une jungle remplie de menaces et de prédateurs. Conquérir, être le plus rusé, dominer ; profiter de soi-même le plus possible sans regret ni remords ; être ici et maintenant.

Observé : Chez les jeunes enfants (*cf.* la « crise » des deux ans), la jeunesse rebelle, le spécisme, les royaumes féodaux, les épopées héroïques, les méchants dans James Bond, les chefs de gangs, les mercenaires, le narcissisme New Âge, les rocks stars impétueuses, Attila le Hun, « Sa Majesté des mouches ». 20% de la population, 5 % du pouvoir.

**4. *Bleu : Ordre mythique*.** La vie a un sens, une orientation et une destination, déterminés par un Ordre/un Autre, tout-puissant. Cet Ordre légitime et vertueux impose un code de conduite basé sur l'absolutisme et des principes intangibles de « bien » et de « mal ». La transgression de ce code et de ces lois a des répercussions graves, et peut-être éternelles. L'obéissance à ce code garantit aux fidèles des récompenses. C'est la base des *anciennes nations*. Hiérarchies sociales rigides, paternalistes, avec une et une seule façon juste de penser le monde. La loi et l'ordre ; l'impulsivité contrôlée par la culpabilité ; croyances concrètes-littérales et fondamentalistes ; obéissance à la règle de l'Ordre ; fortement conventionnel et conformiste. Souvent « religieux » ou « mythique » (dans le sens de confrérie mythique. Beck et Cowan s'y réfèrent comme au niveau « du salut »/absolutiste), mais il peut s'agir d'un Ordre ou d'une Mission séculaire ou athée.

Observé : Amérique puritaine, Chine confucéenne, Angleterre de Dickens, discipline de Singapour, totalitarismes, codes d'honneur et de chevalerie, « bonnes actions », fondamentalismes religieux (par exemple, chrétien et islamiste), scoutisme, « majorité morale », patriotisme. 40 % de la population, 30 % du pouvoir.

**5. *Orange : Accomplissement scientifique.*** À cette vague, l'individu s'émancipe de la « mentalité de troupeau » bleue, et part en quête de sens et de vérité en termes individualistes : hypothético-déductifs, expérimentaux, objectifs, mécanistes, opérationnels, « scientifiques » au sens classique du terme. Le monde est une machine rationnelle et prévisible, dont les lois naturelles peuvent être apprises, maîtrisées et manipulées afin de servir les intérêts personnels. Fortement orienté vers l'accomplissement, la réussite, et (particulièrement aux États-Unis) l'acquisition de biens matériels. Les lois scientifiques régissent la politique, l'économie et les événements humains. Le monde est un échiquier sur lequel les gagnants remportent prééminence et avantages matériels sur les perdants. Alliances des marchés ; manipulation des ressources terrestres pour ses propres intérêts stratégiques. Fondement des *états-entreprise*.

Observable : Le Siècle des Lumières, le roman *La Grève* (Atlas shrugged) d'Ayn Rand, Wall Street, la classe moyenne émergente partout dans le monde, l'industrie cosmétique, la chasse au trophée, le colonialisme, la Guerre Froide, l'industrie de la mode, le matérialisme, l'humanisme séculaire, l'intérêt personnel libéral. 30 % de la population, 50 % du pouvoir.

**6. *Vert : L'individu sensible.*** Communautaire, importance du lien humain, sensibilité écologique, réseaux. L'esprit humain doit être libéré de la cupidité, du dogme et de la division ; les sentiments et le souci d'autrui supplantent la rationalité froide ; attachement à la terre, Gaia, la vie. Contre les hiérarchies ; établit des connections et des liens latéraux ; moi perméable, relationnel ; tissage de groupes. Met l'emphase sur le dialogue, les relations. Fondement des *communautés de valeurs* (c'est-à-dire les affiliations librement choisies sur la base de sentiments partagés). Fonde la prise de décision sur la réconciliation et le consensus (inconvénient : discussions interminables et incapacité à aboutir à des décisions). Renouveau de la spiritualité, recherche de l'harmonie, de l'épanouissement du potentiel humain. Fortement égalitaire, antihiérarchique, valeurs pluralistes, construction sociale de la réalité, diversité, multiculturalisme, systèmes de valeurs relativistes ; cette vision du monde est souvent appelée *relativisme pluraliste*. Mode de pensée subjectif et non linéaire ; manifeste un plus haut degré d'empathie pour la terre et tous ses habitants.

Observé : Écologie profonde, postmodernisme, idéalisme hollandais, approche thérapeutique rogerienne, Santé Canada (organisme gouvernemental pour la santé au Canada), psychologie humaniste, théologie de la libération, recherche coopérative, le Conseil Œcuménique des Églises, Greenpeace, droits des animaux, écoféminisme, post-colonialisme, Foucault/Derrida, concept du Politiquement Correct, mouvements pour la diversité, Droits de l'Homme, écopsychologie. 10 % de la population, 15 % du pouvoir.


Au terme du même vert, la conscience humaine est prête à effectuer un saut quantique vers un mode de pensée de « second palier ». Clare Graves décrit cette transition comme un « bond décisif » dans lequel « un abîme de significations est franchi ». Essentiellement, une conscience de second palier peut penser à la fois verticalement et horizontalement, en intégrant à la fois les fonctionnements hiérarchiques et hétérarchiques (penser à la fois en termes de classements et de relations). On peut dès lors, pour la première fois, *saisir avec clarté la totalité du spectre du développement intérieur*, et ainsi réaliser que chaque niveau, chaque mème, chaque vague est essentielle à la santé de la Spirale dans son ensemble.

En d'autres termes, chaque vague *transcende* et *inclut*. C'est-à-dire que chaque niveau va au-delà de son prédécesseur tout en l'incluant dans son tissu propre. Par exemple, une cellule transcende, mais inclut les molécules, qui à leur tour transcendent et incluent les atomes. Dire que la molécule va au-delà de l'atome ne signifie pas qu'elle le rejette ou qu'elle le marginalise : bien au contraire, elle l'intègre dans sa composition. De la même manière, chaque vague d'existence est un ingrédient fondamental de toutes les vagues suivantes, digne d'être pleinement appréciée et accueillie.

De plus, chaque vague peut être activée ou réactivée en fonction des nécessités de la vie. Dans des situations d'urgence, nous pouvons activer les pulsions rouges ; en réponse au chaos, il se peut que nous ayons besoin d'activer l'ordre bleu ; si nous sommes à la recherche d'un nouvel emploi, nous pouvons avoir besoin des initiatives et des ambitions orange orientées vers la réussite ; dans notre mariage ou avec nos amis, nous privilégierons probablement des liens affectifs verts. Tous ces mèmes apportent leur précieuse contribution.

*Mais ce qu'aucun des mèmes de premier palier n'est en mesure de faire, c'est d'apprécier pleinement l'existence des autres mèmes.* Chaque mème de premier palier voit sa perspective, sa vision du monde comme étant la meilleure. Chacun réagit négativement dès qu'il est remis en question, et contre-attaque violemment, avec ses armes, dès qu'il se sent menacé. L'ordre bleu ne peut supporter ni l'impulsivité rouge, ni l'individualisme orange. Pour l'individualiste orange, seuls les plus naïfs peuvent se satisfaire de l'ordre bleu et l'égalitarisme vert lui semble anémique et irréaliste. Quant à l'égalitarisme vert, il a beaucoup de mal à accepter la notion d'excellence, les classements de valeurs, les généralités, les hiérarchies, et tout ce qui ressemble à de l'autorité, et de ce fait il a tendance à rejeter les mèmes bleus, orange, et tout ce qui est « post-vert ».

Tout cela commence à changer avec l'avènement de la pensée de second palier. Parce que la pensée de second palier a conscience des niveaux intérieurs de développement, même si elle ne peut les articuler de façon technique, elle est capable de prendre du recul et de saisir le tableau d'ensemble, et de ce fait elle peut apprécier *le rôle nécessaire que joue chacun des différents mèmes*. La conscience de second palier pense en termes de la totalité de la spirale de l'existence, et non plus dans ceux d'un niveau en particulier.

Là où le mème vert prend conscience de la diversité des systèmes et des contextes pluralistes présents dans les différentes cultures (ce qui en fait un individu sensible, car sensible à la marginalisation des autres), la pensée de second palier va un pas plus loin. Elle explore le contexte riche dans lequel sont connectés ces différents systèmes pluralistes, et ainsi elle commence à les inclure et à les intégrer dans des spirales holistiques et des maillages (ou *meshworks*) intégraux. Autrement dit, la pensée de second palier joue un rôle déterminant dans le passage du relativisme au holisme, du *pluralisme* à l'*intégralisme*.

Les recherches approfondies de Graves, Beek et Cowan indiquent au moins deux vagues principales dans cette conscience intégrale du second palier :

**7. *Jaune : Intégratif.*** La vie est un kaléidoscope de hiérarchies naturelles (holarchies), de systèmes et de formes. Les priorités sont la flexibilité, la spontanéité et la fonctionnalité.

Les différences et les pluralités peuvent être intégrées dans des flux naturels et interdépendants. L'égalitarisme est complété par des degrés naturels d'ordre et d'excellence. La connaissance et la compétence remplacent la puissance, le statut ou les affinités. L'ordre mondial dominant est le résultat de l'existence des différents niveaux de réalité (mèmes) et des inévitables mouvements ascendants et descendants le long de la spirale dynamique. Une bonne gouvernance permet à chaque individu de s'épanouir à travers des niveaux de complexité croissante (hiérarchie imbriquée). 1 % de la population, 5 % du pouvoir.

**8. *Turquoise : Balistique.*** Système holistique universel, holons/vagues d'énergies intégratives ; unifie le sentiment et la connaissance ; multiples niveaux entretissés en un système conscient. Ordre universel, vivant et conscient, et non plus fondé sur des lois externes (bleu) ou sur des affinités de groupe (vert). Une « grande unification » (une Théorie Du Tout, TDT) est possible en théorie et en pratique. Comprends parfois l'émergence d'une nouvelle spiritualité, vue comme un maillage de tout ce qui existe. La pensée turquoise utilise la Spirale dans sa totalité, perçoit les multiples niveaux d'interaction, détecte les harmoniques, les forces mystiques, et les *états de flow* présents dans toute organisation. 0, 1 % de la population, 1 % du pouvoir.


La conscience de second palier est donc relativement rare, moins de 2 % de la population (à peine 0, 1 % à turquoise), car elle représente actuellement la « pointe » de l'évolution collective humaine. Nous pouvons citer en exemple, à la suite de Beck et Cowan, le concept de noosphère de Teilhard de Chardin, le développement de la psychologie transpersonnelle, les théories du chaos et de la complexité, les systèmes de pensée intégraux-holistiques, les approches d'intégration pluraliste de Mandela et de Gandhi, certainement amenées à se répandre, ainsi que d'autres mèmes plus élevés en perspective.

## Un saut quantique vers une conscience de second palier ?

Comme vous l'aurez certainement compris, l'émergence de la pensée de second palier s'accompagne d'une forte résistance de la part de la pensée de premier palier. « En fait, précise Ken Wilber, une version du mème vert postmoderne, nourri de pluralisme et de relativisme, a activement combattu l'émergence de modes de pensée plus holistiques et intégratifs. Et pourtant, sans pensée de second palier, l'humanité est destinée à demeurer victime d'une "maladie auto-immune" à grande échelle, dans laquelle les mèmes s'affrontent, chacun cherchant à établir sa suprématie sur les autres[20]. » C'est typiquement la description de l'époque que nous traversons aujourd'hui.

En effet, si chaque mème tente de s'imposer aux autres, il n'est pas étonnant d'analyser cette situation comme celle d'un monde où règne une guerre de tous contre tous. C'est la raison pour laquelle de nombreuses disputes ne sont pas fonction de la meilleure preuve objective qu'il nous est possible de produire à l'appui du système de valeur que nous défendons, mais plutôt des niveaux subjectifs (valeurs profondes) des différentes parties en jeu. C'est ainsi qu'« aucune preuve scientifique (orange), aussi bonne soit-elle, ne saurait convaincre un croyant mythique (bleu) ; aucun degré d'empathie et de solidarité (vert) ne saurait impressionner l'agressivité orange ; et de la même manière, le holisme turquoise échoue à déloger le pluralisme vert... jusqu'à ce que l'individu soit prêt à évoluer à travers la spirale dynamique du déploiement de la conscience. Ceci explique pourquoi les débats entre différents niveaux de conscience sont rarement résolus, et occasionnent souvent un sentiment de n'avoir pas été apprécié ou compris. [...] Le matérialisme scientifique (orange) est agressivement réductionniste envers les structures de second palier, et tente de réduire toutes les dimensions intérieures à des feux d'artifice neuronaux objectifs. Le fondamentalisme mythique (bleu) est souvent outré par ce qu'il perçoit comme une tentative de détrôner son Ordre établi. L'égocentrisme (rouge) ignore le second palier dans son ensemble, quant à la pensée magique (violet), elle le conjure en lui lançant un sort. Le mème vert accuse la conscience de second palier d'être autoritaire, durement hiérarchique, patriarcal, marginalisant, oppressant, raciste et sexiste. » Etc. et K. Wilber rajoute : « De même, rien de ce qui sera dit dans ce livre ne pourra vous convaincre qu'une T.D.T. est possible si vous n'avez pas déjà une touche de turquoise à votre palette cognitive (qui alors vous fera dire à la lecture de plus d'une page "Je savais déjà cela. Je ne savais simplement pas comment le formuler). »


Il découle de tout ceci que la seule solution à nos problèmes contemporains réside dans un saut de conscience qui fera basculer l'humanité à un niveau de conscience de second palier, c'est-à-dire GT (A'N') jaune plus intégratif et holistique que le niveau de conscience de premier palier où règne « la guerre de tous contre tous » dans une cacophonie de plus en plus assourdissante nous interdisant de bien communiquer et de nous entendre.

Vive la révolution jaune !

Ce problème de communication entre les âmes était apparu à un homme qui, dans la première moitié du XX<sup>e</sup> siècle a particulièrement étudié la question. Un auteur dont les travaux ont justement inspiré le concept de pensée complexe bien avant qu'il n'apparaisse. C'est le sujet du chapitre suivant.

[18] **Wilber**, Ken (2014), *Une théorie de tout*, Paris : Almora, 282 p. (p. 22).
[19] Ce résumé est extrait de l'ouvrage de Ken Wilber *Une théorie de tout* (pp. 24-31).
[20] **Wilber**, Ken (2014), *op. cit.* (p. 31).

# — **Chapitre III** —

*La Sémantique Générale d'Alfred Korzybski*

« Aristote… très doué… influença sans doute le plus grand nombre de gens qui aient jamais subi l'emprise d'un seul homme… Nos drames commencèrent lorsque le biologiste "intensif" Aristote prit le pas sur le mathématicien philosophe "extensif" Platon, et combina toutes les identités primaires, tous les postulats subjectifs… en un système impressionnant que nous ne pûmes, pendant près de deux mille ans, réviser sans risquer la persécution… Pour cette raison, on a donné son nom aux doctrines bi-spéculatives dites aristotéliciennes et, inversement, les réalités poly-spéculatives de la science moderne ont reçu le nom de non-aristotéliciennes… » (A. Korzybski, cité par A. E. Van Vogt, *Le cycle des Ā*)

Peu connu du public français, cet ingénieur américano-polonais expert des services de renseignements, né à Varsovie, Pologne, en 1879 et mort à Sharon, États-Unis, en 1950 a fondé la sémantique générale en s'interrogeant sur les problèmes récurrents rencontrés dans la civilisation occidentale (incompréhension, misère, guerre, etc.). Il entreprit d'étudier le fonctionnement de l'homme dans son environnement, à savoir la façon dont notre système nerveux perçoit, interprète et modifie, entre autres, ce qui se trouve autour de lui, afin d'essayer d'établir une méthode rigoureuse basée sur les mathématiques et la physique de son époque qui permettrait aux hommes de mieux communiquer et de mieux se comprendre.

Utilisant un autre modèle qui complète parfaitement bien notre exposé, A. Korzybski avait essayé de pallier ce manque de reconnaissance mutuelle en développant l'aphorisme « la carte n'est pas le territoire ». Pour correctement situer le problème et tenter d'y remédier en y apportant une réponse opérationnelle, il développe la <u>Sémantique Générale</u>.

En effet, pendant des millions d'années d'évolution, notre cerveau s'est parfaitement adapté pour survivre en milieu hostile, mais la rapidité à laquelle notre environnement a changé n'a pas laissé suffisamment de temps à notre système nerveux pour opérer les modifications nécessaires aux changements de vie qui se sont produits durant les derniers siècles. Par ailleurs, notre raisonnement est conditionné par une logique aristotélicienne comprenant les principes d'identité, du non contradictoire et du tiers exclu. Ces principes qui ont rendu de nombreux services jusqu'à présent sont toutefois dépassés dans le sens où ils ne permettent plus de penser la complexité du monde tel qu'il est aujourd'hui.

C'est en posant ce constat et en réfléchissant sur la façon de produire un mode de raisonnement adapté aux réalités de notre monde contemporain qu'A. Korzybski a développé sa discipline qui, bien qu'ayant inspiré de grands penseurs

(Henri Laborit et Edgar Morin s'en sont inspirés pour développer le concept de *pensée complexe*), n'a pas eu le succès escompté au regard des objectifs visés : celui d'apporter une meilleure compréhension entre être humain.

Illustrons cela par un exemple dans le domaine de sciences humaines.

Chacun des quatre grands courants des sciences humaines, correspondant aux quatre quadrants du modèle AQAL de K. Wilber, emploie ses propres symboles qui codifient le terrain de son propre champ d'investigation. Ces codes et symboles permettent à quiconque de s'orienter sur le territoire qu'ils ont tracé du point de vue de la perspective qui est la leur (JE, NOUS, ÇA/EUX du système AQAL). Il ne viendrait l'idée à personne de prendre une carte des Pyrénées pour trouver son chemin dans les Alpes. De même que pour parcourir les Pyrénées ou les Alpes par les chemins de randonnée, vous n'allez pas vous repérer avec une carte des réseaux routiers. Ça tombe sous le sens des plus « sots » d'entre nous (passez-moi l'expression, vous allez comprendre pourquoi en lisant ce qui suit). N'est-il pas ?

Eh bien, figurez-vous que c'est très exactement ce que font la plupart des « scientifiques » qui acquière une spécialité dans un domaine donné lorsqu'ils s'adonnent à la critique d'un collègue qui n'appartient pas à la même spécialité que lui.

Cette posture aux conséquences délétères incalculables envers les relations interindividuelles n'est pas l'exception, mais plutôt la règle dans les controverses scientifiques dont les médias sont si friands. Cette confusion entre carte et territoire qu'alimentent nombre d'esprits critiques interroge à plusieurs titres. En effet, outre le manque de respect, les méprises, les disputes et conflits, etc. que cela génère, cette attitude délétère pose également un éminent problème éthique : dans quelles mesures peut-on s'accorder le droit de critiquer les concep-tions d'autrui sans avoir préalablement pris soin de les com-prendre, ne serait-ce qu'en nous référant aux textes de base des théories critiquées ?

Et c'est exactement en cela que K. Wilber insiste sur le fait que vous ne pouvez comprendre l'une de ces réalités (un des quadrants ou un des Trois Grands) à travers la lentille d'une des autres. Présenté ainsi, cela semble évident. Mais cela sou-lève également un autre problème majeur qui est celui de con-sidérer que toutes les opinions se valent, y compris même celles qui s'expriment par la voix de la bêtise (le Grand pro-blème du même vert : 10 % de la population, 15 % du pou-voir).

Vous n'imaginez pas que les scientifiques puissent se livrer à ce genre de pratiques ?

Et pourtant...

Selon Maximilien Bachelart[21], il est inutile de chercher un ou-vrage ou un enseignement « multiréferenciel » établissant un lien entre toutes les disciplines des sciences humaines sus-mentionnées selon une approche « intégrative ». Il n'en existe pas : « En France sont souvent évoquées des "guerres de reli-gion" lorsque l'on décrit les conflits entre écoles de psycho-thérapies, guerres dans lesquelles certains cherchent à établir une trêve, en brandissant parfois le drapeau de la paix. [...] les guerres, entre principalement les TCC et la psychanalyse, ont bien rapidement tourné à la caricature, chacun montrant du doigt des textes datant de plusieurs décennies si ça n'est pas d'un siècle, ignorant que les pratiques de notre époque ne sont pas le reflet de textes qui, pris seuls, posent bien évidem-ment question par leurs limites. La psychanalyse ne s'arrête pourtant pas à *Studien über Hysterie* de 1895 et le comporte-mentalisme à *Psychology as the behaviorist views it* de 1913 !

Les griefs deviennent donc ridicules, non pas toujours mensongers, mais d'une mauvaise foi décrédibilisant les échanges. » Cette attitude ne peut que réveiller des conflits stériles d'un « campanilisme » hors d'âge. Elle est malheureusement la règle générale, quel que soit le champ d'investigation considéré, que ce soient des sciences, y compris même les sciences « dures » ou des rapports humains. Et cela ne date pas d'hier.

D'où l'importance d'organiser le savoir humain comme ont su le faire certains précurseurs de la pensée complexe tels qu'A. Korzybski en remettant en question les prémisses aristotéliciennes qui imprègnent encore nos modes de pensée à l'heure actuelle.

## Les prémisses d'une logique non-A

Pour imager les problèmes de perception, interprétation, évaluation, jugement et modifications des informations reçues auxquels nous sommes tous confrontés, A. Korzybski utilisait une métaphore dont le sens était particulièrement porteur à la fin de la Seconde Guerre mondiale :

> « L'histoire qui suit, extraite de la clandestinité européenne du temps d'Hitler, pourrait peut-être illustrer mon propos. Une grand-mère américaine et sa jeune et séduisante petite-fille étaient, avec un officier roumain et un officier nazi, les seuls occupants d'un compartiment dans un train. Le train traversait un tunnel sombre et la seule chose que l'on entendit fut le bruit d'un baiser sonore suivi d'une gifle vigoureuse. Lorsque le train déboucha du tunnel, personne ne souffla mot, mais la grand-mère se disait en elle-même : "J'ai quand même bien élevé ma petite-fille. Elle saura se débrouiller dans la vie. Je suis fière d'elle." La petite-fille, quant à elle, se disait : "Allons, grand-mère est assez âgée pour ne pas s'offusquer d'un petit baiser. D'ailleurs ces garçons sont gentils. Tout de même, je ne lui savais pas la main si lourde."

> L'officier nazi méditait : "Ces Roumains quand même,
> comme ils sont rusés. Ils volent un baiser et s'arrangent pour
> que ce soit le voisin qui reçoive la gifle." L'officier roumain,
> lui, contenait mal son hilarité : "Comme je suis malin" pen-
> sait-il, "je me suis baisé la main et j'ai flanqué une gifle au
> nazi[22]." »

Pour A. Korzybski, il s'agissait de toute évidence d'un problème de « perception » limitée, où l'« audition » entrait principalement en jeu avec différentes interprétations. Ce problème de perception/interprétation/modification de la réalité
des faits se retrouve à l'identique, quel que soit le sens – ouïe,
vue, toucher, goût ou odorat – que nous utilisons pour évaluer
une situation. En analysant les processus en jeu lors de ces
erreurs de perceptions et les malencontreuses décisions
qu'elles génèrent, il développe une méthode basée sur des prémisses qui ont pour objectif de nous éviter ce genre de mé-
prise.

À noter que cette méthode est adaptée aux problèmes de perception limitée que soulèvent nos cinq sens. K. Wilber a fait
de même au niveau, non pas de nos sens, mais du mental en
veillant à ce que nous ne nous trompions pas de carte lorsque
l'on part en excursion (scientifique, politique, religieuse, etc.)

*La carte et le territoire*

A. Korzybski remarque que le *est* d'identification propre à la
logique aristotélicienne pose problème : « L'importance de ce
"est" d'identité implantée dans la structure de notre langage
peut difficilement être surestimée, tant il affecte nos réactions
neuro-évaluationnelles et conduit à des estimations inappro-
priées dans la vie quotidienne de chacun d'entre nous, qui sont
parfois cause de grandes tragédies[23]. » Il est donc conduit à
reformuler les principes de la logique aristotélicienne en utilisant le célèbre aphorisme « la carte n'est pas le territoire »
repris, à sa suite, par de nombreux auteurs. Ce précepte est

l'une des trois prémisses fondamentales du système non-aristotélicien qu'il a pu concevoir et qui peuvent être exprimées par la simple analogie de la relation d'une carte avec le territoire :

1. Une carte *n'est pas* le territoire.
2. Une carte ne représente *pas tout* le territoire.
3. Une carte est auto-réflexive, en ce sens qu'une carte « idéale » devrait inclure une carte de la carte, etc., indéfiniment.

Appliquées à la vie courante et au langage, ces prémisses s'expriment ainsi :

1. Les mots *ne sont pas* les choses qu'ils représentent.
2. Les mots ne peuvent *pas couvrir tout* ce qu'ils représentent, etc.
3. Le langage est auto-réflexif, en ce sens que nous pouvons, dans le langage, parler à propos du langage.

Pour rappel, les principes aristotéliciens qui gouvernent inconsciemment nos modes de pensée depuis plus deux mille ans sont :

1. la loi d'identité : tout ce qui est, est.
2. la loi de contradiction : rien ne peut à la fois être et n'être pas.
3. la loi du tiers exclu : tout doit ou bien être, ou bien ne pas être.

Après avoir posé ces trois prémisses, A. Korzybski constate que les vieux postulats préscientifiques, hérités de la philosophie d'Aristote, violent ses deux premières prémisses, *une carte n'est pas le territoire* et *une carte ne représente pas tout le territoire,* et ignorent la troisième, *une carte est auto-réflexive.* Le système aristotélicien se caractérise donc par sa nature bi-spéculative, binaire ou dichotomique, etc. Alors que le système non-aristotélicien d'A. Korzybski est quant à lui poly-spéculatif, complexe ou intégral, etc.

Nous retrouvons là, en germe, les promesses de la pensée complexe qui se propose de passer d'une logique analytique, linéaire, duelle et bivalente à une logique de pensée complexe « dialogique, réflexive et hologrammatique » (*cf.* E. Morin, *La Méthode*) plurivalente.

*Une carte n'est pas le territoire, une carte ne représente pas tout le territoire*

À force d'être martelée, l'idée que les mots sont des images mentales qui ne *sont* pas les choses qu'ils représentent et que ces images mentales ne peuvent pas couvrir tout ce qu'elles représentent commence à mieux s'intégrer dans nos esprits, même si, dans les faits, le passage de la théorie à la pratique reste un moment délicat. Cette transition, sous l'impulsion des apports de certaines disciplines scientifiques telle que la physique quantique, par exemple, certains scientifiques la vivent actuellement, mais il faudra encore quelque temps pour que ce changement de paradigme imprègne notre société.

En attendant, nous devons faire avec les outils que nous avons à notre disposition et tenir compte du fait qu'« un "nom" (étiquette) met en œuvre chez un individu donné toute une constellation ou configuration d'étiquettes, de définitions, d'évaluations, etc., *unique pour chaque individu*, fonction de son environnement socio-culturel et linguistique et de son hérédité, en relation avec ses désirs, ses intérêts, ses besoins, etc.[24] »

En d'autres termes, l'acte de nommer n'est absolument pas anodin et dépend grandement de l'observateur et du système de pensée ou modèle théorique, etc. dans lequel les observations sont décrites. Ce qui signifie que l'on ne peut juger de la pertinence et du bien-fondé d'une théorie que si on l'évalue à l'aune du point de vue qu'elle adopte selon la vision de la discipline dans laquelle elle a été découverte. (Je ne le répèterais jamais assez). C'est là une difficulté de taille à laquelle nous ne pouvons surseoir au risque de passer totalement à côté de l'objet de notre étude soumis à nos jugements, à nos évaluations ou à nos critiques.

En science humaine, le psychiatre-psychanalyse Paul-Claude Racamier, l'auteur de la théorie de la perversion narcissique, avait une conscience très nette et très claire du problème d'étiquetage si judicieusement dénoncé par A. Korzybski et sa sémantique générale. Il écrivait :

> « Comme toutes les étiquettes, les termes cliniques ont à la fois leurs mérites et leurs défauts. Leur mérite principal est de fixer les idées. Leur principal défaut est le même : il est de fixer les idées. On doit bien savoir que la clinique est toujours plus complexe et plus diverse que les mots pour la désigner. Une notion est-elle trop étroitement cadrée, elle s'immobilise, au risque de s'étioler. Mais est-elle au contraire laissée flottante, elle se dilue, au risque de se perdre.
> Les écueils entre lesquels toute notion clinique sera pilotée augmentent dès lors qu'elle est nouvelle ; quant aux mérites et aux démérites d'un terme clinique, eux aussi croissent d'autant que ce terme est néologique. » (Racamier, 1992, p. 84)

En outre, malgré ces écueils entre lesquels doivent naviguer les noms qui désignent les concepts que nous élaborons, nous ne devrions jamais perdre de vue que la prise de conscience d'un phénomène quel qu'il soit se traduit avant toute chose par son individualisation du fait de sa nomination qui permet de le discriminer d'autres phénomènes avec lesquels il peut être confondu.

*Avant cet « étiquetage », le phénomène peut très bien se produire, mais n'ayant pas accès à la conscience par défaut de représentation, il n'existe pas.* Il fait partie de l'ensemble indifférencier que nous nommons *chaos*. Et c'est très précisément pour cela qu'A. Korzybski a pu écrire que « c'est nuire beaucoup à la sanité que d'enseigner le mépris des théories ou des doctrines, et de l'élaboration théorique, puisqu'aussi longtemps que nous serons des humains, nous ne pourrons jamais nous en affranchir. En les négligeant, nous ne faisons que nous créer des perturbations sémantiques. [...] Les fortes composantes affectives de ces perturbations sémantiques conduisent obligatoirement à l'absolutisme, au dogmatisme, au finalisme et à des états similaires, facteurs sémantiques sur lesquels s'échafaudent les états de non-sanité[25]. »

Ce constat est d'autant plus probant que le *chaos*, qui n'est autre que l'état d'indifférenciation, de désordre et de confusion duquel nous émergeons, est justement ce qui définit les états psychotiques. Autrement dit, si nos modes de pensée doivent évoluer au point d'intégrer le fait qu'*une carte n'est pas le territoire* et qu'*une carte ne représente pas tout le territoire*, nous ne saurions nous passer de carte, puisque cela reviendrait à restaurer le chaos duquel l'humanité tente de s'extraire depuis son apparition sur terre.

Vaste problème en réalité puisqu'avec le langage et l'usage de la parole, l'humanité marche constamment sur des œufs et endosse une immense responsabilité vis-à-vis de la création.

*Une carte est auto-réflexive*

Cette troisième prémisse est née de l'application à la vie courante des travaux extrêmement importants de Bertrand Russell qui donna ses lettres de noblesse à l'auto-réflexivité. Nous pouvons parler (verbaliser) à propos d'une « proposition à propos de toutes les propositions », mais en pratique nous ne pouvons pas produire une proposition à propos de toutes les propositions, puisque, ce faisant, nous donnons effectivement naissance à une nouvelle proposition, et nous tombons alors dans des contradictions sans fin. Russell a très justement qualifié de « totalités illégitimes » les produits de ces performances verbales pathologiques. Nous autres humains, nous avons longtemps vécu avec ces sur-généralisations inconscientes, sans grands résultats.

L'auto-réflexivité, ou récursivité, est présentée par E. Morin comme l'un des trois axiomes au fondement de la « complexité logique » que nous développerons en présentant cet auteur.


## Différents types de modèles (cartes ou théories)

Dès lors, ce qui est valable pour une carte ou des mots l'est également pour des concepts ou des théories. Considérant donc qu'une carte n'est pas le territoire, etc. mais que les cartes sont indispensables à l'homme, il n'existe pas, pour A. Korzybski, de « bonne » ou de « mauvaise » théorie, mais seulement des modèles qui répondent avec plus ou moins d'exactitude au territoire qu'ils balisent. Cet auteur distingue ainsi des modèles, des semi-modèles et des pseudo-modèles.

Seuls les systèmes de représentation basés sur les mathématiques sont suffisamment perfectionnés pour prétendre au titre de modèles. Il y a ensuite les semi-modèles qui se rencontrent surtout dans le domaine des sciences humaines. Si ces derniers rendent d'indéniables services, nous devons garder présent à l'esprit qu'un écart parfois important existe entre eux et la réalité dont ils tentent de rendre compte. Leur imperfection et leur fiabilité varient donc selon de nombreux critères. Viennent enfin, les pseudos-modèles et c'est avec eux que les choses commencent à se gâter, car nous avons ici affaire à des structures descriptives ou explicatives bâties plus ou moins spontanément, qui portent la marque du manque de discipline logique de leurs auteurs. Les facteurs émotionnels, les questions d'intérêts, la personnalité de l'auteur, etc. jouent ici un rôle tel qu'ils faussent toute la construction. Nous devons alors faire preuve d'une pensée critique particulièrement aiguisée pour trier le bon grain de l'ivraie.

Ces pseudo-modèles règnent souvent en maîtres dans notre vie privée et dans un très grand nombre de domaines d'activité où ils tiennent en leur dépendance la compréhension, la communication et l'action. *Domination d'autant plus puissante que nous ne saurions nous passer de structures explicatives et de représentations, et ce, quels que soient les qualités ou les défauts de leur construction.* Celles ou ceux qui construisent un pseudo-modèle n'ont qu'une conscience confuse des abstractions ou des inférences qu'ils produisent pour parvenir à une interprétation. Ils ont bien souvent une connaissance insuffisante des règles de méthode qui peuvent être élaborées pour arriver à un résultat acceptable. Par exemple, ils ne sauront pas discriminer correctement, dans la structure explicative qu'ils élaborent, ce qui revient aux facteurs rationnels de ce qui dépend des facteurs émotionnels propres à l'observateur ou aux cadres de références fournis par le milieu socioculturel, etc. Cette absence de discrimination des idées a de très lourdes conséquences que nous peinons à véritablement résumer (ce point sera développé au chapitre concernant l'auto-destruction de la raison et la faillite de la pensée critique).

Généralement, l'auteur d'un pseudo-modèle a beaucoup moins conscience de l'écart qui existe entre une hypothèse « peut-être » et « probablement ». Il est beaucoup plus sûr de lui. Là réside le danger, car cette assurance alliée à la confiance excessive en la validité et la fiabilité du pseudo-modèle qu'il élabore peuvent le conduire à une attitude fermée et dogmatique qui sera mise au service de la défense du modèle plutôt qu'à celle de la vérité.

La pratique de la sémantique générale et des nombreux concepts dont elle fait usage nous permettent de prendre conscience d'abstraire[26]. C'est-à-dire de créer des abstractions, autrement dit des interprétations, des inférences, des jugements,

des théories ou des évaluations, etc. qui dépendent grandement de nous en tant qu'observateur. Si nous connaissons aujourd'hui l'importance de l'observateur dans les faits obser-
vés, nous en négligeons encore son véritable impact. Ce rapport entre « observateur » et « chose observée » est désigné
en sémantique générale sous l'expression de « coefficient de
l'observateur ». Or, ce coefficient est en principe beaucoup
plus élevé chez le quidam que chez le chercheur ou le scientifique bien que chez un grand nombre de ces derniers, il reste
encore trop élevé pour produire des cartes suffisamment précises de la réalité du monde environnant. Ce qui n'est pas sans
poser certaines difficultés de vulgarisation pour faire connaître des théories complexes à un plus large public, car la
capacité de l'observateur, ou du lecteur, à se dégager plus ou
moins facilement de l'emprise émotionnelle qu'exerce sur lui
certains *nexus*[27] portant sur des sujets auxquels il est sensible
aura d'indéniables répercussions sur sa compréhension des
hypothèses qu'il soumet à son évaluation.

Le lecteur doit savoir que la conception qui prévaut encore
aujourd'hui dans le monde des sciences et celui des sciences
humaines est celle du paradigme cartésien ou du cartésia-
nisme qui ne croit qu'à la raison scientifique purement déduc-
tive faisant fi du coefficient de l'observateur et n'accordant
que peu de crédit au raisonnement inductif. Elle ne tient pas
compte de la relativité de toute observation, d'où la tendance
à considérer ce qui est décrit comme le miroir de la réalité et
à ne pas faire de distinction entre ce qui est dit, au niveau des
mots, des concepts, des théories, etc. et ce qui se passe exactement au niveau des faits décrits (la carte n'est pas le territoire). Cette dichotomie entre carte et territoire a de terribles
conséquences sur notre rapport au monde et à la réalité,
comme déjà souligné. Les exemples pourraient être dévelop-
pés sans fin. Ce qu'il importe avant tout de retenir, c'est la
richesse des conceptions de Korzybski qui sont cruciales pour

le développement d'une « pensée saine » (au sens du mot *sanity* qu'employait cet auteur) sans laquelle une pensée complexe ne peut advenir. Le lecteur intéressé par les travaux de cet ingénieur, philosophe des sciences, trouvera en bibliographie de nombreuses sources et références.

Toutefois, je me dois de vous communiquer la définition de l'un de ses plus importants concepts qui accompagne en filigrane toute la création humaine. C'est celui de *time-binding* auquel A. Korzybski consacra son premier essai.

## Le concept de time-binding

En s'interrogeant sur ce qui différencie le plus l'homme de l'animal, A. Korzybski découvre que seul l'homme est capable de créer et de faire évoluer des civilisations. C'est cette « capacité de condenser, digérer et utiliser les expériences et les réalisations accumulées par les générations précédentes pour leur développement dans le temps présent et leur transmission aux générations à venir[28] », spécifique à l'homme, que Korzybski nomme *time-binding*. Ce terme recouvre donc tout le processus fonctionnel par lequel l'homme évolue au moyen de la transmission des connaissances et du savoir emmagasinés au fil du temps par nos aïeux et cet héritage est diffusé grâce au langage, d'où l'analyse que Korzybski en fera et l'importance qu'il accorde à la transmission de cartes les plus efficientes possibles, adaptées à la structure de notre pensée.

Pour A. Korzybski, la notion de *time-binding* désigne également une énergie que l'on peut orienter comme le cours d'eau d'une rivière. Elle peut donc être favorisée ou au contraire freinée, facilitée ou entravée, etc. C'est pour aider cette énergie et ce processus à librement circuler et à se développer plutôt qu'à lui faire obstacle (guerres, crises, conflits, etc.) qu'A. Korzybski a développé la sémantique générale en posant comme problématique de base le problème de l'abstraction dans nos évaluations quotidiennes.

## L'analyse des idées et des concepts

Analyser quelque chose est une attitude courante dans notre vie de tous les jours en vue de définir, classer, comprendre, etc. notre environnement, mais selon les personnes, elle peut varier à l'infini. Très superficielle au point d'être à peine notable, ou au contraire systématiquement poussée et profonde, l'analyse de concept exige, tout comme la pensée critique que nous examinerons ultérieurement, certaines qualités et pose principalement deux problèmes majeurs qui ont chacun leurs adversaires dans notre société aux valeurs égalitaires revendiquées en droit, mais où dans les faits les inégalités sont encore très fortes. (Encore un paradoxe !)

Ces deux pierres d'achoppement sont représentées par l'*abstraction* et la *discrimination*.

### *L'abstraction*

Pour ne pas commettre d'altruicide (*cf. infra* « La faillite de la pensée critique ») et garder nos idées claires, « une des clefs de la santé individuelle et collective est *l'acquisition de la conscience d'abstraire* : être conscient du fait que l'on opère une abstraction, c'est ne pas perdre de vue que l'on ne tient compte que *d'une partie seulement* des caractéristiques – celles que nous percevons plus aisément que d'autres, qui nous frappent particulièrement, qui sont sélectionnées, aussi, en fonction de nos expériences ou connaissances antérieures, de nos goûts, de notre sensibilité, de nos préférences, de nos intérêts, etc., et que l'on en laisse de côté d'autres qui sont souvent des *particularités propre à l'individualité* de l'objet et qui, dans certains cas [...] peuvent avoir à jouer un rôle que nous n'avions pas soupçonné tout d'abord[29]. » Mais qu'est-ce au juste qu'une *abstraction* ?

Pour le dictionnaire du CNRTL, l'abstraction désigne dans un emploi transitif :

1. PHILOSOPHIE, LOGIQUE. **Abstraire quelque chose de quelque chose**. Isoler, par l'analyse, un ou plusieurs éléments du tout dont ils font partie, de manière à les considérer en eux-mêmes et pour eux-mêmes […]

2. LOGIQUE, GRAMMAIRE. Dégager d'un ensemble complexe les traits communs aux éléments ou aux individualités qui le composent. Les résultats de cette opération intellectuelle sont : une idée générale, un concept […] ; un symbole […] ; une vue d'ensemble, une représentation simplifiée […].

Pour parvenir à une idéation correcte afin de déterminer l'essence d'un phénomène et d'en faire une analyse précise nous devons dépouiller l'image verbale que nous nous sommes forgés à son sujet de tous les éléments sensoriels, moteurs, émotionnels, métaphysique etc. qui nous ont permis de l'élaborer. Cette opération mentale s'effectue donc en plusieurs étapes qui vont de l'évènement interne ou externe, à son récit, en passant par des niveaux non-verbaux de sensations, d'émotions, de sentiments, etc. pour ensuite s'en détacher par la réflexion et la méditation afin d'en dégager une idée pure. Si une seule de ces étapes n'est pas conscientisée, nous risquons de tomber dans des identifications et des jugements de valeur qui se produisent aux étapes intermédiaires et non-verbale du processus d'abstraction et nous produisons des évaluations erronées. *L'abstraction est donc la notion intellectuelle d'un mot ou d'une idée représentant un évènement, un phénomène, etc. dépouillé des sensations, des états émotionnels et des sentiments qui y sont rattachés.* Il ne s'agit pas là d'indifférence, car un mot ou une idée auquel nous sommes indifférents est un mot ou une idée qui demeure incompris, mais plutôt de détachement.

Bien que la notion d'abstraction puisse être difficile à saisir, elle est d'une extrême importance : sans elle, la nature de l'homme serait inconnaissable. Son absence résume en grande partie tout le problème des critiques que l'on peut entendre sur n'importe quel sujet. En règle générale, plus la critique est violente et *disqualifiante*, moins la personne qui la profère a conscience d'abstraire et s'identifie aux étapes intermédiaires de l'abstraction (sensations, émotions, sentiments, etc.). Or, c'est bien cette identification qui fausse l'analyse et produit des jugements de valeur… qui ne manqueront pas de nous être reprochés par nos contradicteurs en cas de polémique, car tel est le risque qu'une personne encourt lorsqu'elle identifie un mot ou une idée à ses sensations, ses émotions, ses sentiments, etc.

Toutefois, si amener un mot ou une idée à l'abstraction est nécessaire pour parvenir à reconnaître la qualité et l'origine des phénomènes, encore faut-il être en mesure, une fois cette opération réalisée, de les discriminer pour mieux les hiérarchiser (selon les hiérarchies naturelles ou holarchies et non pas les hiérarchies de pouvoir, cf. *supra* la TDT de Ken Wilber).

## La discrimination

Discriminer, c'est « différencier, en vue d'un traitement séparé (un élément des autres ou plusieurs éléments les uns des autres en (le ou les) identifiant comme distinct(s) ; synonyme : distinguer. » (CNRTL)

Je dois souligner ici une contrainte de taille dans l'idéologie actuelle véhiculée par quelques éminences grises et admise par une majorité dominante – bien que des tensions se fassent actuellement de plus en plus sentir –, c'est de croire que, sous couvert d'égalité, tous les faits, toutes les idées, toutes les conceptions se valent. Dans un tel climat, discriminer, c'est « mal ». Or, toutes les visions du monde dont nous sommes abreuvées ne sont pas toutes d'égale dignité. Nous pouvons certes nous efforcer de toutes les prendre en considération durant la période où nous les étudions, mais nous devons tôt ou tard finir par admettre qu'elles ne sont pas toutes de même valeur et de même qualité et qu'il en existe des capitales et d'autres de moindre intérêt en passant par différents degrés. Et pour en juger, il nous faut les discriminer.

Nous aurions tout intérêt à rapidement nous réapproprier ce terme qui n'est plus regardé que sur son seul versant péjoratif. Or, si par la nomination nous sortons du chaos, nous ne sommes pas pour autant sortis de l'auberge, car nous devons encore sortir de la totalité. Le moyen d'y parvenir nous est donné par la *discrimination*.

L'étymologie nous fera mieux saisir ce concept. Au passage, précisons que l'étymologie du mot étymologie signifie littéralement « recherche du vrai ». C'est l'un des plus précieux outils que nous puissions utiliser pour discriminer en conscience.

Ainsi, le verbe discriminer provient du latin *discriminare* : « mettre à part, séparer, distinguer » ; « différencier, varier, nuancer » infinitif de *discrimino* formé du substantif *crimo* (« crime ») et du préfixe *dis-* (« deux »). Il y a là l'idée d'un double crime ou de deux suspects pour un crime qu'il faudra « différencier en vue d'un traitement séparé ».

Poursuivons notre enquête. Le terme latin *crimo, crimen* est apparenté au grec ancien *krima* (« objet d'une contestation, contestation, querelle ») dérivé de *krino* (« trier, trancher, juger ») d'où le terme discrimination au sens de « trancher l'objet de contestation ou de la querelle ». Sans discrimination, nous nous mettons en situation de faire perdurer la contestation ou la querelle et ainsi de traiter le coupable à égalité de l'innocent. Qui ne crierait pas au scandale si on venait à lui réserver un tel sort ?

Le problème n'est pas la discrimination en soi, mais plutôt le fait que dans notre esprit nous n'associons plus les termes de discrimination et de social, car ce qui est interdit et sévèrement réprimé par la loi, fort heureusement, c'est bien la *discrimination sociale*. Concept de deux mots que l'on réduit à sa plus simple expression en ne conservant que le mot discrimination qui prend alors une valence négative alors que la discrimination des idées est une étape essentielle à la réflexion comme nous allons pouvoir nous en rendre compte.

Nous venons de voir comment une opération de *novlangue* a été rendue possible sur le concept de discrimination sociale et sur le terme de discrimination. Mais en ne discriminant plus, nous traitons les coupables en innocents et nous déclarons que l'un est l'autre sont de même valeur. De ce fait, nous légitimons le crime commis puisque sans discrimination, innocents et coupable écopent des mêmes peines.

Commencez-vous à voir où se situe le problème ?

Discriminer est une nécessité pour sortir de la totalité. L'absence de discrimination entraîne l'indifférenciation, le retour au chaos… et au totalitarisme. Alors, discriminons l'innocent du coupable, différencions la valeur d'une idée, etc. pour remettre de l'ordre dans la cité, mais gardons-nous bien cependant de commettre des discriminations sociales.

Cette tendance à rendre toutes les pensées équivalentes résulte de notre propension, totalement dans l'air du temps, de la science actuelle qui n'accorde d'intérêt qu'au seul chemin d'accès à la connaissance du côté droit des quatre quadrants de K. Wilber. Celui qu'il nomme le Grand Un ou Flatland. En effet, dans le monde plat, la récolte de données n'est opérée qu'à l'aide de divers outils de mesures. Dans ce monde plat, « la science empirico-analytique est une affaire de mesures. Les mesures, et l'on est presque en droit de dire ; et rien que les mesures fournissent les données des expériences scientifiques[30] ».

L'absence de discrimination des idées est bien l'une des principales raisons pour laquelle la science devient de plus en plus totalitaire (*cf.* le chapitre suivant « La pensée complexe d'Edgar Morin »).

Les informations ainsi obtenues sont considérées comme étant sensiblement égales. Ce mode de sélection privilégie la quantité tout en délaissant la qualité, la forme plutôt que le fond. Or, en matière de connaissance sur l'homme, la quantité n'a que peu d'intérêt tandis que la qualité revêt une haute importance. Lorsque l'on privilégie la forme sur le fond, on encourage la quantité en délaissant la qualité. C'est là toute la différence qu'il convient de faire entre l'être, l'avoir et le paraître. Sans discrimination des valeurs abstraites, sans hiérarchisation, il nous est impossible de parvenir à une bonne connaissance de l'Homme.

La discrimination intellectuelle des idées ou des concepts, qui ne doit pas être assimilée à la discrimination sociale des personnes, a justement pour but d'éliminer le risque de confusion avec tous les désagréments que cela entraîne tant au niveau de la communication que de la compréhension mutuelle. Or, dans une société qui se veut égalitaire et ne tolérant ni les hiérarchies naturelles telles que les différents niveaux d'abstraction, ni la discrimination des idées, l'effondrement de la pensée critique est quasiment inéluctable.


## Influence des travaux d'A. Korzybski

En France, à l'exception d'un petit opus regroupant la retranscription d'une conférence donnée par A. Korzybski et l'article de présentation de la sémantique générale publié par *The Américan People's Encyclopedia*, les travaux de cet auteur sont passés quelque peu inaperçus malgré l'adaptation qu'a pu en faire Alfred Elton Van Vogt, traduit par Boris Vian, dans ses romans de science-fiction regroupés sous le titre *Le cycle du Ā*. La sémantique générale a tout de même influencé plus ou moins directement des chercheurs ou philosophes tels qu'Henri Laborit, Gaston Bachelard, ou encore Edgar Morin et Basarab Nicolescu, pour ne citer qu'eux.

C'est en appliquant les principes de la sémantique générale qu'Henri Laborit découvrit l'inhibition de l'action et qu'il créa le concept philosophique de « pensée complexe » qui fut repris et introduit par Edgar Morin en 1982 dans son livre *Science avec conscience*. Je ne m'étendrais pas de trop sur l'immense œuvre de ce dernier, mais sa pensée complexe est incontestablement un fil rouge à suivre, car elle préfigure, au même titre que la vision intégrale de K. Wilber, le nouveau changement de paradigme que de plus en plus de monde appelle de leurs vœux pour résoudre les crises que traverse notre monde moderne.

En aparté, qu'il me soit simplement permis ici de renseigner le lecteur sur le fait que c'est à la suite de ma lecture de l'essai d'E. Morin intitulé *Introduction à la pensée complexe* (1990), il y a plus d'une vingtaine d'années, que je me suis intéressé de très près à la pensée complexe. La lecture de ce livre fut pour moi une révélation à plus d'un titre. E. Morin y présentait des idées qui firent mouche dans mon esprit en éveillant ma curiosité sur un phénomène sur lequel je n'ai eu de cesse de m'interroger depuis. « Nous sommes encore aveugles au problème de la complexité, les disputes épistémologiques entre Popper, Kuhn, Lakatos, Feyerabend, etc., la passent sous silence », écrivait-il. « Or cet aveuglement fait partie de notre barbarie. Il nous fait comprendre que nous sommes toujours dans l'ère barbare des idées. Nous sommes toujours dans la préhistoire de l'esprit humain. Seule la pensée complexe nous permettrait de civiliser notre connaissance[31]. »

Quelle était donc cette pensée complexe à acquérir pour civiliser notre savoir ?

---

[21] **Bachelart**, Maximilien (2017). *L'approche intégrative en psychothérapie*, Paris : ESF, 303 p.

[22] **Korzybski**, Alfred (1998), *Une carte n'est pas le territoire*, Paris : Édition de l'éclat, 188 p. (pp. 20-21)

[23] *Ibid.* (p. 51-52).

[24] *Ibid.* (p. 35-36).

[25] *Ibid.* (p. 184).
La sanité est un substantif féminin qui selon le CNRTL désigne la « qualité de ce qui est sain, en bonne santé physique ou mentale ». Il existe aussi le verbe *sanifier* au sens de « purifier, rendre sain ».

[26] *Ibid.*
Pour A. Korzybski, « abstraire, par nécessité, implique évaluer, consciemment ou non, et par conséquent, le processus d'abstraire peut être considéré comme un *processus d'évaluation de stimuli*, qu'il s'agisse d'un "mal de dents", d'une "migraine", ou de la lecture d'un "traité de philosophie" […] ». (pp. 22-23)

[27] Depuis 1988, Michel-Louis Rouquette, directeur du Laboratoire de psychologie environnementale (CNRS/Paris-V), théorise une curieuse bestiole psychique : le « nexus », soit un mot, un symbole, un slogan qui a le don de précipiter nos émotions et de mobiliser les foules. « Je l'ai appelé comme cela, parce que le terme me semble décrire un nœud indémêlable constitué d'affects, d'émotions, et de sens irraisonnés dans un moment donné d'une société donnée. » Ainsi les mots « patrie », « nazi », « égalité », « guerre », « patriotisme », mais aussi de plus récents tels que « tsunami », « OGM », « McDonald's » agissent comme des nexus. Ces mots-là ne se discutent pas. On s'y agrège en masse, et pour des raisons propres à chacun qui peuvent être parfaitement contradictoires avec celles de son voisin. « Le nexus est une notion de psychologie sociale et qui relève de la soumission consentie, précise M.-L. Rouquette. C'est une évidence qui s'impose aux gens. Discute-t-on lorsque la patrie est en danger ? Discute-t-on encore aujourd'hui dans la vie quotidienne de ce qu'est le nazisme ? Et même, discute-t-on de ce slogan récent : "C'est bon pour la planète ?" »

**Lemieux**, Emmanuel (2010, avril), « Michel Rouquette : chasseur de nexus », dans *Sciences Humaines* en ligne. Consulter le 23 novembre 2019. URL : https://www.scienceshumaines.com/michel-louis-rouquette-chasseur-de-nexus_fr_25117.html

[28] *Ibid.*, note 6.

[29] **Bulla de Villaret**, Hélène (1973), *Introduction à la sémantique générale de Korzybski*, Paris : Le courrier du livre, 189 p. (p. 47).

[30] **Wilber**, Ken (2013), *Les trois yeux de la connaissance*, Paris : Almora, 512 p.

[31] **Morin**, Edgar (1990), *Introduction à la pensée complexe*, Paris : ESF éditeur, 160 p.

# — **Chapitre IV** —

*La pensée complexe d'Edgar Morin*

« Il nous faut comprendre que la révolution d'aujourd'hui se joue non tant sur le terrain des idées bonnes ou vraies opposées dans une lutte de vie et de mort aux idées mauvaises et fausses, mais sur *le terrain de la complexité du mode d'organisation des idées* » (Edgar Morin, 1991, *La Méthode 4, Les idées*)

« Pascal avait justement posé que toutes choses sont "causées et causantes, aidées et aidantes, médiates et immédiates, et que toutes (s'entretiennent) par un lien naturel et insensible qui lie les plus éloignées et les plus différentes". Aussi la pensée complexe est animée par une tension permanente entre l'aspiration à un savoir non parcellaire, non cloisonné, non réducteur, et la reconnaissance de l'inachèvement et de l'incomplétude de toute connaissance. » (Edgar Morin,

1990, *Introduction à la pensée complexe*).

Présenter l'œuvre colossale de ce penseur hors normes est une entreprise à haut risque, une gageure insurmontable, cependant, l'idée n'est pas de vous proposer un résumé de son œuvre pour vous la faire découvrir, mais plutôt de vous inviter à la découvrir si vous ne la connaissez pas déjà quelque peu. Pour cela il n'y a qu'un seul moyen : se retrousser les manches et se mettre au boulot le plus rapidement possible… il y a du pain sur la planche… pour tout le monde. Et si chemin faisant les quelques graines de pensée complexe prélevées de-ci delà pouvaient germer dans votre esprit. J'aurais plus que dépassé mon objectif et vous m'en verriez infiniment ravi. Tentons de présenter la « chose » !

Edgar Morin développe les principes de la pensée complexe tout au long de son œuvre après *La Méthode* et en détaille le mouvement en plusieurs étapes :

- Première étape de la complexité : nous avons des connaissances simples qui n'aident pas à connaître les propriétés de l'ensemble. Un constat banal qui a des conséquences non banales : la tapisserie est plus que la somme des fils qui la constituent. *Un tout est plus que la somme des parties qui la constituent.*

- Deuxième étape de la complexité : le fait qu'il y a une tapisserie fait que les qualités de tel ou tel type de fils ne peuvent toutes s'exprimer pleinement. Elles sont inhibées ou virtualisées. *Le tout est alors moins que la somme des parties.*

- Troisième étape : cela présente des difficultés pour notre entendement et notre structure mentale. *Le tout est à la fois plus et moins que la somme des parties.* (Morin, 1990)

Les idées que *le tout est à la fois plus et moins que la somme des parties* et surtout que *le tout puisse alors être moins que la somme des parties* m'ont longuement questionné. Nulle part ailleurs, je n'avais pu trouver pareille hypothèse qui m'interpellait au plus haut point et résonnait pourtant en moi comme une évidence. J'y ai donc consacré de très nombreuses réflexions pour en trouver des applications pratiques dans la vie courante de tout un chacun, tant d'un point de vue individuel que collectif. Cela a duré plus d'une dizaine d'années durant lesquelles je pédalais dans la semoule et chacune de mes tentatives se soldait par un échec de compréhension.

Puis un jour, je suis tombé sur la théorie de la perversion narcissique qui venait m'apporter la pièce manquante du puzzle que je cherchais à reconstituer depuis tout ce temps. Je venais de trouver l'illustration pratique pour laquelle l'axiome *le tout puisse alors être moins que la somme des parties* pouvait être démontré. J'ai alors commencé à comprendre l'une des plus importantes applications dans le monde réel de la deuxième étape de la complexité. Seconde étape indispensable à franchir pour acquérir cette pensée complexe dont la quête m'est apparue incontournable pour tous ceux qui se sentent concernés par le processus de résolution des conflits et des crises qui jalonnent l'aventure humaine. D'autant que, comme nous pouvons tous le constater en interrogeant simplement notre entourage, la plupart des gens restent bloqués à la première étape de la pensée complexe et l'idée même que *le tout est alors moins que la somme des parties* leur est inconcevable.

Si E. Morin présenta les étapes de la pensée complexe dans son livre *Introduction à la pensée complexe* en 1990 – date à laquelle j'ai fait connaissance avec ses écrits –, c'est toutefois dans son essai *Science avec conscience* publié en 1982 qu'il présenta pour la première fois le concept : « Il n'y aura pas de transformation sans réforme de pensée, c'est-à-dire révolution dans les structures mêmes de la pensée. La pensée doit devenir complexe[32]. »

La présentation du quatrième de couverture de cet ouvrage en dit long sur les enjeux concernant ce changement de paradigme souhaitable pour notre évolution :

> « Les sciences humaines n'ont pas conscience des caractères physiques et biologiques des phénomènes humains. Les sciences naturelles n'ont pas conscience de leur inscription dans une culture, une société, une histoire. Les sciences n'ont pas conscience de leur rôle dans la société. Les sciences n'ont pas conscience des principes occultes qui commandent leurs élucidations. Les sciences n'ont pas conscience qu'il leur manque une conscience. Mais de partout naît le besoin d'une science avec conscience. Il est temps de prendre conscience de la complexité de toute réalité – physique, biologique, humaine, sociale, politique – et de la réalité de la complexité. Il est temps de prendre conscience qu'une science privée de réflexion et qu'une philosophie purement spéculative sont insuffisantes. Conscience sans science et science sans conscience sont mutilées et mutilantes. » (Edgar Morin, quatrième de couverture du livre *Science avec conscience*).

Cette critique des sciences rondement menée présente de très nombreuses idées forces que je ne peux qu'effleurer dans le cadre de ce petit opus, mais tout lecteur curieux de connaître les limites de la science, la façon dont on s'en sert à l'heure actuelle et l'impact inquisiteur qu'elle a sur notre vie quotidienne, aurait tout intérêt à se pencher sur ce que contient cet ouvrage d'une acuité extraordinaire, car il reste à ce jour, près de quarante ans après sa première parution, d'une incroyable actualité.

## Science avec conscience

Quelques extraits de cet ouvrage nous aideront à mieux appréhender les enjeux du changement de paradigme souhaité par l'introduction d'une pensée complexe dans le milieu scientifique… et autre. J'espère que le lecteur ne m'en voudra pas de choisir de ne pas résumer ses idées, mais il me semble, je peux me tromper, que la lecture des sources en la circonstance est toujours préférable à celles des « copistes » (dont je suis pour l'occasion).

Sur l'objectivité scientifique :

> « L'objectivité semble une condition *sine qua non*, évidente et absolue, de toute la connaissance scientifique. Les *données* sur lesquelles se fondent les théories scientifiques sont objectives, elles sont objectives par les falsifications, ceci est absolument incontestable. Ce que l'on peut contester, à juste titre, c'est qu'une *théorie* soit objective. Non, une théorie n'est pas objective : une théorie n'est pas le reflet de la réalité, une théorie est une construction logico-mathématique, laquelle permet de répondre à certaines questions que l'on pose au monde, à la réalité. Une théorie se fonde sur des données objectives, mais une théorie n'est pas objective en elle-même.
>
> L'objectivité est une chose absolument certaine. Elle est déterminée par des observations et des vérifications, évidemment concordantes. Ces observations et ces vérifications, elles-mêmes, ont besoin pour s'établir de communications intersubjectives. Mais ces communications, il est évident qu'elles se font au sein d'un milieu, au sein de ce qu'on peut appeler la communauté scientifique. Là aussi il y a une idée de Popper qui est très intéressante. Il dit à peu près : « La science n'est pas le privilège d'une théorie ou d'un esprit, la science est l'acceptation par les scientifiques d'une règle du jeu absolument impérative. » Mais pour obéir à la règle du jeu de la vérification et de l'expérimentation, il faut donc qu'il n'y ait pas seulement des facteurs communautaires,

mais aussi des facteurs rivalitaires et conflictuels ; c'est donc un vrai milieu social, où jouent des antagonismes. » (Morin, 1982, p. 39)

Sur la psychanalyse, le marxisme, etc. :

« [...] les psychanalystes ont une tendance à se clore et à se ritualiser. Finalement, ce qui différencie une théorie scientifique d'une doctrine, c'est que la théorie est "biodégradable", elle accepte la règle du jeu et sa mort éventuelle. Alors qu'une doctrine se referme, est autosuffisante et refuse, en quelque sorte, les verdicts qui la contredisent et qui émanent du monde réel ou qui émanent de son adversaire. Je dirais qu'une théorie et une doctrine peuvent avoir les mêmes constituants, former un même système d'idées, la seule différence, c'est que l'une se ferme, s'autojustifie, se réfère toujours pompeusement aux citations des fondateurs.
Vous avez une façon close et fermée de concevoir la psychanalyse, freudienne ou autre, une façon close et fermée de concevoir le marxisme : que vous citez litaniquement "Freud a dit que... ; Marx a dit que... ; Engels... etc." La psychanalyse est une chose que je trouve absolument géniale, pourquoi ? Parce que Freud a compris qu'un nœud gordien se trouvait au carrefour de ce qu'on peut appeler les sciences de l'esprit, les connaissances psychologiques, les fantasmes, les rêves, les idées, d'une part, et de l'organisme biologique de l'autre. Par son idée de pulsion, il comprenait qu'il fallait concevoir l'être humain dans sa totalité multidimensionnelle, au lieu de découper un petit bout qui va dans les facultés de lettres, qui est la partie esprit, et puis la partie corps qui relève de la biologie. C'est un penseur extrêmement puissant dont les intuitions sont à réinterroger sans cesse. Mais il y a des écoles – des sectes – de psychanalyse closes et rituelles qui, personnellement, m'épouvantent et m'ennuient. » (Morin, 1982, p. 69-70)

Sur l'hyperspécialisation, le comportement territorial des scientifiques, le dogmatisme et les conséquences délétères que cela entraîne :

> « En sociologie, on élimine parfois la notion d'homme parce qu'on ne sait pas quoi en faire. Alors, ce qui se passe, c'est ceci : on arrive à une clôture disciplinaire, hyper-disciplinaire, où chacun, évidemment, est propriétaire d'un maigre territoire et compense son incapacité à réfléchir sur les territoires des autres par l'interdiction rigoureuse faite à autrui de pénétrer sur le sien. Vous savez que les éthologistes ont reconnu cet instinct de propriété territoriale chez les animaux. Dès qu'on entre dans leur territoire : les oiseaux s'égosillent, les chiens aboient, etc. Ce comportement mammifère a beaucoup diminué dans l'espèce humaine, sauf chez les universitaires et les scientifiques.
>
> Ce qui se passe c'est que, bien entendu, la réflexion ne peut se faire que dans la communication des morceaux du puzzle qui sont ainsi disjoints, mais le spécialiste ne peut même pas réfléchir sur sa spécialité et, bien entendu, il interdit aux autres d'y réfléchir. Ce qui fait qu'il se condamne lui-même à l'obscurantisme et à l'ignorance sur ce qui se fait en dehors de sa discipline et il condamne autrui, le public, le citoyen, à vivre dans l'ignorance. C'est cela cet obscurantisme, cet ignorantisme généralisé : on a les produits d'une connaissance, qui tendent à passer directement dans des banques de données, qui tendent à être traités par des computeurs et on arrive à cette chose tout à fait extraordinaire – on risque d'y arriver : la dépossession de l'esprit humain. Parce que la connaissance, traditionnellement, est faite pour être réfléchie, pensée, discutée et, si possible, incorporée dans la vie pour avoir des éléments de réflexion ou de sagesse. » (Morin, 1982, pp. 74-75)

Sur les enjeux démocratiques et les dangers de la parole d'experts :

« Là se pose un problème en termes de démocratie. Simon dans un article sur la démocratie industrielle a bien vu qu'un problème politique est posé par le surdéveloppement de la société où les problèmes relèvent chaque fois de plus en plus d'experts. C'est l'expert de ceci, c'est l'expert de cela… Nous nous dépossédons du droit d'avoir un point de vue au profit de l'expert, qui monopolise le droit à la décision puisqu'il a la compétence. Comment une démocratie peut-elle fonctionner sinon de plus en plus à vide, quand le citoyen est disqualifié par l'expert ? Et, malheureusement, les experts sont totalement incompétents dès que surgit un problème nouveau. L'expert est compétent pour résoudre les problèmes déjà du passé. Mais les problèmes nouveaux, c'est absolument impossible. […] Ce problème des experts est très grave à tout point de vue. Je ne vois pas comment résoudre le problème, mais il faut au moins le poser. » (Morin, 1982, p. 76)

Sur les pouvoirs titanesques de la science et la récupération de ces pouvoirs par des instances tierces exerçant un certain contrôle social ou un contrôle social certain :

« Nous sommes arrivés aujourd'hui à l'époque de la big science, la techno-science qui a développé des pouvoirs titanesques. Mais il faut remarquer que les scientifiques sont totalement dépossédés de ces pouvoirs qui pourtant émanent de leurs propres laboratoires ; ces pouvoirs sont reconcentrés entre les mains des dirigeants des entreprises et des puissances étatiques. Il y a désormais une interaction inouïe entre la recherche et la puissance. Beaucoup de scientifiques croient éviter les problèmes que pose cette interaction en pensant qu'il y a une disjonction entre, d'un côté la science, de l'autre la technique et enfin la politique. Ces scientifiques-là disent : "La science est très bonne ; elle est morale. La technique est ambivalente, c'est comme la langue d'Ésope. La politique, elle, est mauvaise, et les développements mauvais des sciences sont dus à la politique." Une telle vision ignore non seulement la contamination de fait entre les trois instances, mais ignore aussi le fait que les scientifiques sont des acteurs dans le domaine des politiques militaires et des États : ainsi c'est le plus grand scientifique de son temps, Einstein, qui a demandé au président Roosevelt de produire la bombe thermonucléaire. » (Morin, 1982, pp. 116-117)

Sur l'hyperspécialisation… encore, les sciences humaines comportementalistes (Grand Un) et psychanalytiques (JE) qui élimine, comble de l'ironie, la notion d'homme et les disciplines biologiques qui élimine la notion de vivant, enfin, sur l'irresponsabilité et l'inconscience que cela génère :

> « [...] il faut remarquer que l'hyperspécialisation des sciences humaines détruit et disloque la notion d'homme, les différentes sciences sociales, la démographie, l'économie n'ont même plus besoin de la notion d'homme. Il y a même certaines disciplines psychologiques qui éliminent l'homme au profit soit du comportement soit de la pulsion. L'idée d'homme est désintégrée. De même, les spécialisations biologiques éliminent l'idée de vie au profit de molécules, de gènes, de comportements, etc. Finalement, il ne reste plus rien de ce que fait la nature même du problème fondamental : qu'est-ce que l'homme ? Quel est son sens ? Quelle est sa place dans la société ? Quelle est sa place dans la vie ? Quelle est sa place dans le cosmos ? Ainsi la pratique scientifique elle-même nous conduit à une irresponsabilité et à une inconscience totales. » (Morin, 1982, pp. 118-119)

Sur le respect de la vie humaine et de la vie en général, la récupération des pouvoirs titanesques de la science au profit des citoyens et non pas des puissances privées ou des états, sur la démocratisation des sciences et les dangers de la science :

> « Je pense qu'on ne peut respecter véritablement la vie humaine que si l'on respecte au maximum la vie en général tout en sachant tout ce que comporte de cruauté et de barbarie une vie humaine par rapport au monde vivant.

Je conclus en disant que, là-dessus, il y a un problème qui dépasse les scientifiques. Il y avait un homme d'État français qui disait pendant la Première Guerre mondiale : "La guerre est une affaire trop sérieuse pour être laissée entre les mains des militaires." La science est une affaire trop sérieuse pour être laissée uniquement entre les mains des scientifiques. Je dirai de plus que la science est devenue trop dangereuse pour être laissée aux mains des hommes d'État et des États. Autrement dit, la science est devenue un problème civique, un problème des citoyens. Nous devons aller en vase clos ; il est inadmissible que ces problèmes soient ésotériques. Nous sommes dans une époque, je le répète, nous ne sommes pas à l'époque de solution, ce n'est pas l'époque messianique, c'est l'époque de saint Jean Baptiste c'est-à-dire de celui qui essaie d'annoncer et de préparer le message. Nous n'avons pas le message. Ce que nous pouvons faire c'est poser les problèmes, c'est formuler les contradictions, c'est proposer la morale provisoire. » (Morin, 1982, pp. 122-123)

Autant de sujets qui sur près de 320 pages passent la science au moule de la critique, de la raison et de la sagesse. J'ai opté pour vous en proposer quelques extraits choisis plus ou moins au hasard afin d'attiser en vous l'envie de le lire et de titiller votre intérêt à la pensée complexe, car l'immense richesse de ses réflexions ne se résume tout simplement pas. Tout au contraire, chaque thème abordé est une introduction à un débat à mener sur le rôle que devrait occuper la science dans une société démocratique. Et ce n'est qu'à la lecture d'un tel ouvrage que vous pourrez en prendre la pleine mesure. Une mesure qui devrait être l'un des principaux soucis de n'importe quelle personne amoureuse de la connaissance et désireuse d'en faire l'apologie.

Je ne saurais conclure la présentation de cet essai d'E. Morin sans le lier à ce qui nous concerne ici, à savoir la transdisciplinarité, la vision intégrale ou la pensée complexe.

« [...] il y a un problème préalable à toute transdisciplinarité, celui des paradigmes ou principes déterminant / contrôlant la connaissance scientifique. Comme nous le savons bien depuis Thomas Kuhn, auteur de *La structure des révolutions scientifiques*, le développement de la science s'effectue non par accumulation des connaissances, mais par transformation des principes organisant la connaissance. La science ne fait pas que s'accroître, elle se transforme. C'est pourquoi, comme disait Whitehead, la science est plus changeante que la théologie. Or, je crois profondément que nous vivons sur des principes que nous avons identifiés de façon absolue à la science, et qui en fait correspondent à son âge "classique" du XVIIIe à la fin du XIXe siècle, et ce sont ces principes qu'il faut transformer.

Ces principes, ils ont été, en quelque sorte, formulés par Descartes : c'est la dissociation entre le sujet (*ego cogitans*), renvoyé à la métaphysique, et l'objet (*res extensas*), relevant de la science. L'exclusion du sujet s'est effectuée sur la base que la concordance entre expérimentations et observations par divers observateurs permettait d'arriver à une connaissance objective. Mais on a du coup ignoré que les théories scientifiques ne sont pas le pur et simple reflet des réalités objectives, mais sont les coproduits des structures de l'esprit humain et des conditions socioculturelles de la connaissance. C'est pourquoi on est arrivé à la situation actuelle où la science est incapable de déterminer sa place, son rôle dans la société, incapable de prévoir si ce qui sortira de son développement contemporain est l'anéantissement, l'asservissement ou l'émancipation. » (Morin, 1982, p. 126)

En d'autres termes, E. Morin tire exactement les mêmes conclusions que celles auxquelles sont parvenus Alfred Korzybski avec la Sémantique générale et Ken Wilber lorsqu'il formula sa théorie de Tout (T.D.T.], sa vision intégrale pour les affaires, la politique, la science et la spiritualité.

Un autre auteur français qui en a inspiré bien d'autres également, comme par exemple un certain Edward Bernays, double neveu de Freud, avait également noté la nécessaire révolution des idées pour qu'un changement de paradigme puisse s'opérer. Il s'agit de Gustave Le Bon qui dans son essai *Psychologie des foules* écrivait déjà en 1895 : « Les véritables bouleversements historiques ne sont pas ceux qui nous étonnent par leur grandeur et leur violence. Les seuls changements importants, ceux d'où le renouvellement des civilisations découle, s'opèrent dans les idées, les conceptions et les croyances[33]. »

Je ne connais pas de plaidoyer plus pertinent qui en appelle au changement de paradigmes déterminant la connaissance scientifique pour accompagner ce changement vers une transdisciplinarité, une vision intégrale ou une pensée complexe. Il faut en effet connaître un brin de l'histoire moderne de la propagande, pour rapidement comprendre le message que tente de nous faire passer E. Morin.

Un seul exemple suffira.

Edward Bernays qui a utilisé les connaissances de Gustave Le Bon pour développer son activité de *spin doctor* est considéré comme le père de la propagande politique institutionnelle et de l'industrie des relations publiques, ainsi que du consumérisme américain. Selon le journal Le Monde, « un *spin doctor* est une personne dont la profession est d'influencer l'opinion publique sur la personnalité et les faits et gestes d'un homme politique par des techniques de communication ». Mais cela, c'est ce qui est donné à voir au grand public, car un *spin doctor*, depuis plus d'un siècle que cette discipline se développe est beaucoup plus que cela. Dans *Propaganda, comment manipuler l'opinion en démocratie* paru initialement en 1928 et traduit en français… en 2007, E. Bernays écrivait : « La manipulation consciente, intelligente, des opinions et des habitudes organisées des masses joue un rôle important dans une société démocratique. Ceux qui manipulent ce mécanisme social imperceptible forment un gouvernement invisible qui dirige véritablement le pays. » Ou encore : « La propagande moderne désigne un effort cohérent et de longues haleines pour susciter ou infléchir des événements dans l'objectif d'influencer les rapports du grand public avec une entreprise, une idée ou un groupe. » Et pour finir : « La propagande ne cessera jamais d'exister. Les esprits intellectuels doivent comprendre qu'elle leur offre l'outil moderne dont ils doivent se saisir à des fins productives, pour créer de l'ordre à partir du chaos. »

Ces quelques citations illustrent parfaitement bien les dangers des sciences soulignés par E. Morin dans son plaidoyer pour une *Science avec conscience*. Pour avoir particulièrement bien étudié l'œuvre et l'auteur de ces citations, ce qui, je l'espère, aboutira à un autre essai, de deux choses l'une, ou bien E. Bernays est un scientifique d'une naïveté telle qu'il en est coupable, et dans ces conditions, on voit mal comment il pourrait passer pour le père des relations publiques ; ou bien ce chercheur, spécialiste de l'ingénierie sociale, avait un don si développé pour la manipulation que seul quelqu'un possédant une telle passion a pu élever et inventer toute une discipline qui est aujourd'hui au sommet de son art. Soulignons enfin que le principal ouvrage d'E. Bernays, *Christalizing Public Opinion*, résidait en bonne place dans la bibliothèque personnelle d'un certain Joseph Goebbels qui en fit l'usage que l'on sait.

Avec A. Korzybski, nous savons que la carte est auto-réflexive, que le langage est auto-réflexif. Dès lors, si « la propagande ne cessera jamais d'exister », qui nous dit que les esprits intellectuels qui « doivent comprendre qu'elle leur offre l'outil moderne dont ils doivent se saisir à des fins productives, pour créer de l'ordre à partir du chaos » ne puisse justement pas se servir de la propagande, non pas à des fins productives pour créer de l'ordre à partir du chaos, mais plutôt à des fins destructrices pour créer du chaos à partir d'un certain ordre ?

Car c'est bien là ce que nous raconte l'histoire : la propagande est utilisée à des fins mercantiles, certes comme l'avait imaginé son inventeur, mais également à des fins bien plus perverses et dramatiques comme en a témoigné Joseph Goebbels, le ministre de la Propagande nazi.

Il n'est pas ici le lieu de proposer un débat pour savoir s'il faut être pour ou contre la propagande, cela fait l'objet d'un futur projet qui, je l'espère, aboutira un jour, mais il est important à mon sens de souligner les raisons, et de donner à certains l'envie de se motiver, pour prendre part à la révolution de la pensée complexe, à la vision intégrale ou à la transdisciplinarité afin que tout un chacun, citoyen lambda ou intellectuel, nous puissions nous réapproprier ce formidable outil qu'est la science plutôt que de le laisser entre les mains de personnes « mal intentionnées ». Il en va de notre responsabilité démocratique en tant que citoyen.

Espérant vous avoir suffisamment donné l'eau à la bouche pour franchir le pas de la pensée complexe, qui n'est pas si compliqué que ce que le terme veut bien le signifier, il est temps de définir un peu plus précisément cet « objet », ce nouvel outil, si nous voulons qu'il porte un jour ses fruits.

## Définition de la pensée complexe

Dans un premier temps, E. Morin est quelque peu embarrassée pour définir le problème de la complexité dans son ouvrage *Introduction à la complexité*, il écrit :

> « Sa définition première ne peut fournir aucune élucidation : est complexe ce qui ne peut se résumer en un maître mot, ce qui ne peut se ramener à une loi, ce qui ne peut se réduire à une idée simple. Autrement dit, le complexe ne peut se résumer dans le mot de complexité, se ramener à une loi de complexité, se réduire à l'idée de complexité. La complexité ne saurait être quelque chose qui se définirait de façon simple et

prendrait la place de la simplicité. *La complexité est un mot problème et non un mot solution.* » (Morin, 1990)

Peu de temps après, il sera amené à préciser l'idée de pensée complexe :

> « Quand je parle de complexité, je me réfère au sens latin élémentaire du mot "complexus", "ce qui est tissé ensemble". Les constituants sont différents, mais il faut voir comme dans une tapisserie la figure d'ensemble. Le vrai problème (de réforme de pensée) c'est que nous avons trop bien appris à séparer. Il vaut mieux apprendre à relier. Relier, c'est-à-dire pas seulement établir bout à bout une connexion, mais établir une connexion qui se fasse en boucle. Du reste, dans le mot relier, il y a le "re", c'est le retour de la boucle sur elle-même. Or la boucle est autoproductive. À l'origine de la vie, il s'est créé une sorte de boucle, une sorte de machinerie naturelle qui revient sur elle-même et qui produit des éléments toujours plus divers qui vont créer un être complexe qui sera vivant. Le monde lui-même s'est autoproduit de façon très mystérieuse. La connaissance doit avoir aujourd'hui des instruments, des concepts fondamentaux qui permettront de relier. » (Morin, 1995)

Cette seconde définition à l'avantage de mettre en exergue un élément essentiel de la pensée complexe que je vous demande de bien retenir, c'est le *lien* et tout ce qui peut le constituer ou le favoriser au travers d'éléments tissés ensemble, *relier*, à l'image d'une tapisserie composée de fils de différentes natures et couleurs.

*Relier* signifie d'après le dictionnaire : « lier ensemble, rendre solidaire » ; « assembler et attacher des feuillets et spécialement ceux qui composent un ouvrage, et les couvrir d'une matière rigide » ; « établir une relation, une communication entre, mettre en communication avec… » ; dans un sens figuré : « mettre en rapport avec, établir un lien logique, moral ou sentimental », etc. L'étymologie du terme souligne l'importance de la relation entre les personnes, les idées, les choses, etc. et souligne l'idée de lien dans un sens positif alors que les définitions du terme *lier* évoquent des images rarement positives, tantôt neutres, tantôt négatives de contrainte ou d'enfermement. Quoi qu'il en soit, l'étymologie du latin *complexus* du verbe *complector* dévoile l'action d'« embrasser ; entourer ; entourer de ses soins ; de son amitié ; faire bon usage ; saisir, embrasser par la pensée ; comprendre, inclure ; etc. » (*cf.* Gaffiot).

On peut donc résumer la pensée complexe telle que l'entend E. Morin comme étant une pensée à visée intégrale qui embrasse affectueusement le plus d'éléments possible qu'elle peut saisir tout en les reliant. Je dirais même que ce qui caractérise le mieux la pensée complexe, c'est outre son organisation en réseau, son extraordinaire *capacité à faire lien* et par la qualité de ce lien, *à produire du sens, de la compréhension et de l'entendement.*


En introduction à l'œuvre d'E. Morin, nous avons vu que cette pensée complexe se déployait par étapes et que le passage de la première à la seconde était des plus difficile. Ce qui personnellement m'a permis de franchir ce cap, c'est la découverte, il y a plus d'une vingtaine d'années, d'abord d'E. Morin en tant que penseur de la complexité, puis de P.-C. Racamier, un autre penseur de la complexité dans le domaine de la santé mentale, et de sa théorie de la perversion narcissique telle que son auteur a pu la conceptualiser et non pas telle qu'elle nous est affreusement présentée par certains journaux de presse qui, sous l'influence de certaines idéologies, en ont fait un marronnier pour combler les pages vierges de leur magazine. Le chemin vers la complexité vous est personnel et il vous appartient de vous l'approprier, mais je tiens ici à vous démontrer, en espérant pouvoir y parvenir, à quel point le lien est fort entre la deuxième étape de la pensée complexe qui, je vous le rappelle, se formule ainsi : *le tout est moins que la somme des parties*, et la théorie de la perversion narcissique. Puisse cet exemple être une source d'inspiration pour vous permettre de développer vos propres représentations.

« L'un des principaux apports d'E. Morin est d'avoir montré et théorisé les interdépendances fondamentales entre le physique, le biologique et l'anthropo-social tant dans sa conceptualisation de l'organisation à partir de l'ordre et du désordre que dans son idée d'un enracinement de l'humain dans un substrat biophysique », nous informe Pascal Roggero[34]. Il poursuit : « Sur un plan théorique, E. Morin a développé dans *La Méthode* un corpus d'où émergent quelques concepts qu'il définit lui-même comme fondant la "complexité logique" : la dialogie, la récursivité et l'hologrammie. S'ils font quelquefois écho à certaines approches sociologiques, ils demeurent relativement méconnus et globalement inemployés. » Quant à la théorie de la perversion narcissique, elle se fonde sur une topique que son concepteur appelle *topique intéractive*, dérivée d'une troisième topique psychanalytique « laquelle désigne l'organisation du réel en trois registres : interne, externe et intermédiaire ». Ces trois registres concernent notamment les interdépendances fondamentales qui existent entre le psychique, le somatique et l'environnement. Nous sommes donc bien avec Racamier dans une recherche de théorisation de la complexité.

## Les trois principes de la pensée complexe

Pour nous aider à penser la complexité, E. Morin propose trois principes :

*La dialogique*

La dialogique est cousine de la dialectique. Cette idée implique de considérer les phénomènes, ici sociaux, comme mus par des logiques à la fois « antagonistes, concurrentes et complémentaires ». À la différence de la dialectique, qui porte en elle la promesse du dépassement de la contradiction. Edgar Morin y voit un phénomène irréductible. Il s'agit d'une exigeante exhortation à en finir avec l'usage de dichotomies classiques qu'il faut tenter de penser, au moins, sur le mode de la dualité afin de les articuler et, de manière plus satisfaisante, de les lier récursivement : ordre <> désordre, cosmos <> chaos, nature <> culture, rationalité <> irrationalité, etc.

E. Morin prend l'exemple de l'ordre et du désordre pour l'exprimer en terme dialogiques : « L'ordre et le désordre sont deux ennemis : l'un supprime l'autre, mais en même temps, dans certains cas, ils collaborent et produisent de l'organisation et de la complexité. Le principe dialogique nous permet de maintenir la dualité au sein de l'unité. Il associe deux termes à la fois complémentaires et antagonistes. » (Morin, 1990) Ces deux termes sont donc antagonistes, concurrents et complémentaires.

*La récursivité*

L'idée de récursivité trouve son origine dans le fameux *feedback* de la première cybernétique de Wiener. La récursivité caractérise un processus par lequel l'effet est aussi sa propre cause. E. Morin l'appelle aussi le processus du tourbillon parce que chaque moment du tourbillon est à la fois produit et producteur. Cette causalité circulaire, qui interdit la claire séparation cartésienne entre éléments, est au cœur de la démarche systémique. Edgar Morin utilise souvent le dépassement de l'opposition classique entre individu et société que permet la séquence récursive suivante : « les individus produisent la société qui produit les individus ».

E. Morin en conclut que l'idée récursive est une idée en rupture avec l'idée linéaire de cause / effet, puisque tout ce qui est produit revient sur ce qui le produit dans un cycle lui-même auto-constitutif, auto-organisateur et auto-producteur.

Pascall Roggero précise que pour utiliser ce concept de récursivité en sociologie, il serait souhaitable d'y introduire une graduation en distinguant la simple boucle informationnelle, la régulation, l'adaptation et la régénération, qui est une propriété des organismes vivants complexes. Le retour informationnel est une simple boucle, un retour d'information sur les effets de l'action effectuée par le système. Si cette information se traduit par une modulation de l'action, la rétroaction s'engage selon les deux modalités bien connues de tous systémiciens :

– négative, il s'agit alors de réguler les écarts constatés par rapport à une norme fixée, on parlera alors de régulation, comme c'est le cas, selon des temporalités et des niveaux de pertinence variables, pour les institutions ;

– ou positive, c'est-à-dire une amplification des variations dans un processus auto-alimenté menant à la désintégration du système (par exemple, la montée aux extrêmes dans les phénomènes de violence).

Au-delà interviennent l'adaptation et la régénération impliquant plus qu'une simple modification des *outputs* du système, mais un changement de forme de ce dernier – processus morphogénétique – de manière graduelle pour l'adaptation ou radicale pour la régénération.

*Le principe hologrammatique*

« Dans un hologramme physique, précise E. Morin, le moindre point de l'image de l'hologramme contient la quasi-totalité de l'information de l'objet représenté. Non seulement la partie est dans le tout, mais le tout est dans la partie. Le principe hologrammatique est présent dans le monde biologique et dans le monde sociologique. Dans le monde biologique, chaque cellule de notre organisme contient la totalité de l'information génétique de cet organisme. L'idée donc de l'hologramme dépasse, et le réductionnisme qui ne voit que les parties et le holisme qui ne voit que le tout. C'est un peu l'idée formulée par Pascal : "Je ne peux pas concevoir le tout sans concevoir les parties et je ne peux pas concevoir les parties sans concevoir le tout." Cette idée apparemment paradoxale immobilise l'esprit linéaire. Mais, dans la logique récursive, on sait très bien que ce qu'on acquiert comme connaissance des parties revient sur le tout. Ce qu'on apprend sur les qualités émergentes du tout, tout qui n'existe pas sans organisation, revient sur les parties. Alors on peut enrichir la connaissance des parties par le tout et du tout par les parties, dans un même mouvement producteur de connaissances. Donc l'idée hologrammatique est elle-même liée à l'idée récursive, qui elle-même est liée à l'idée dialogique en partie. » (Morin, 1990)

Il y a dans cette idée de principe hologrammatique quelque chose de l'ordre du holon, le tout/partie, que décrit K. Wilber dans sa TDT, quelque chose du principe de transcendance et d'inclusion de la théorie ECLET de C. Graves et quelque chose de la notion de *time-binding* d'A. Korzybski.

Toutes ses théories ont pour point commun de rendre compte d'une vision intégrale, de processus dynamiques de transcendance et d'inclusion et de quelque chose d'une pensée complexe qui fait lien en établissant des relations ordonnées en réseau qualitativement bien supérieures à d'une logique binaire ou dichotomique, etc.

Tous ces auteurs ont également pour point commun de nous alerter sur de nombreux dangers et en particulier sur la destruction possible de la raison et de ses multiples conséquences : guerres, conflits, crises, violences, etc. Les quatre auteurs précédemment cités dans ce petit opus ont tous cherché à embrasser la complexité du monde tel qu'il se présente à nous afin de parvenir à une plus juste compréhension des lois qui le régissent. Il en existe bien d'autres que vous découvrirez probablement par vous-mêmes si, comme moi, vous êtes convaincu de la justesse de leurs thèses et de la nécessité de réformer nos modes de pensée, car parmi tous les dangers qui nous guettent à l'heure actuelle, celui qui nous menace le plus est probablement l'autodestruction de la raison et la faillite de l'esprit critique, car « *effectivement, quand sombrent l'humanisme et la vertu critique, il y a déchaînement d'une force implacable d'ordre et d'homogénéisation.* » (Morin, 1982)

---

[32] **Morin**, Edgar (1982), *Science avec conscience*, Paris : Seuil, 320 p.

[33] **Le Bon**, Gustave (1895), *Psychologie des foules*, Paris : Félix Alcan, 200 p.

[34] **Roggero**, Pascal (2008), « Pour une sociologie d'après la "La Méthode" », dans *Communications*, n° 82, pp. 143-159.

# – Conclusion –

Pour conclure cette première partie qui, je l'espère, vous aura suffisamment inspiré pour vous donner l'envie d'approfondir l'étude de ces auteurs et d'en découvrir un peu plus sur leur propre vision du monde qui ne se réduit pas à une présentation simpliste, mutilée et mutilante du réel, j'insisterais sur la nécessité de trouver des points de jonction et des complémentarités entre les diverses approches de la réalité plutôt d'appuyer sur leurs antagonismes et leur opposition.

# Seconde partie

*La pensée critique comme remède à*
*l'autodestruction de la raison*

# — **Chapitre V** —

*Se comprendre où s'entretuer ?*

> « On ne résout pas un problème avec les mêmes modes de pensée qui l'ont engendré » (Albert Einstein)

> « Quel est le paradoxe contemporain ? Un accroissement considérable des moyens de communication induit peu de communication (au sens de "compréhension"). Pourtant, il s'agit là d'un enjeu décisif pour que nous puissions éventuellement sortir de la barbarie de la communication humaine. » (Edgar Morin, 2008, « L'enjeu humain de la communication », in *La communication, état des savoirs*, ouvrage collectif).

Le problème de la compréhension mutuelle s'est posé au fil des âges de différentes manières, cependant, une parabole nous éclaire plus particulièrement sur ce genre de situation conflictuelle lié au paradigme de la représentation qui est actuellement le paradigme dominant des sciences dites « objectives » (le Grand Un ou le ÇA et le EUX dans l'acception de K. Wilber). Paradigme qu'il convient de faire évoluer (transcender et inclure) en dévoilant ses apories, c'est la parabole des « aveugles et de l'éléphant » :

> « Six hommes d'Inde, très enclins à parfaire leurs connaissances, allèrent voir un éléphant (bien que tous fussent aveugles) afin que chacun, en l'observant, puisse satisfaire sa curiosité. Le premier s'approcha de l'éléphant et perdant pied, alla buter contre son flanc large et robuste. Il s'exclama aussitôt : « Mon Dieu ! Mais l'éléphant ressemble beaucoup à un mur ! » Le second, palpant une défense, s'écria : « Ho ! Qu'est-ce que cet objet si rond, si lisse et si pointu ? Il ne fait aucun doute que cet éléphant extraordinaire ressemble beaucoup à une lance ! » Le troisième s'avança vers l'éléphant et, saisissant par inadvertance la trompe qui se tortillait, s'écria sans hésitation : « Je vois que l'éléphant ressemble beaucoup à un serpent ! » Le quatrième, de sa main fébrile, se mit à palper le genou. « De toute évidence, dit-il, cet animal fabuleux ressemble à un arbre ! » Le cinquième toucha par hasard à l'oreille et dit : « Même le plus aveugle des hommes peut dire à quoi ressemble le plus l'éléphant ; nul ne peut me prouver le contraire, ce magnifique éléphant ressemble à un éventail ! » Le sixième commença tout juste à tâter l'animal, la queue qui se balançait lui tomba dans la main. « Je vois, dit-il, que l'éléphant ressemble beaucoup à une corde ! » Ainsi, ces hommes d'Inde discutèrent longuement, chacun faisant valoir son opinion avec force et fermeté. Même si chacun avait partiellement raison, tous étaient dans l'erreur. »

Cette métaphore illustre magistralement le problème de perception soulevé par A. Korzybski, mais nos sens ne sont pas les seuls responsables de cette cacophonie. S'il est un fait démontré à l'heure actuelle, c'est que la qualité des observations produites est corrélée de façon indissociable à l'observateur.

Or, nous n'appréhendons pas tous la réalité avec les mêmes outils, tant subjectivement qu'objectivement. C'est en ce point de conjonction situé entre la subjectivité et l'objectivité que les choses commencent à devenir intéressantes, car un même sujet d'étude peut être décrit par plusieurs systèmes logiques différents qui peuvent être antagonistes, concurrent et complémentaires selon la façon que nous avons de les exprimer.

Schématiquement, nous reconnaissons que notre cerveau possède des aptitudes différentes qui ont été conceptualisées de bien des manières et ont donné lieu à diverses théories : conscient et/ou inconscient (Freud) ; communication analogique ou digitale (Watzalawick, 1972) ; cerveau droit /cerveau gauche (Hermann, 1992) ; système 1 / système 2 (Khaneman et Tversky, 2012) ; etc.

Toutes ces conceptions tentent de rendre compte des processus mentaux par lesquels nous exprimons nos idées. Il n'en est aucune de fausse et aucune qui n'est totalement vraie également. Cependant, nous avons tendance à opposer ces modes de pensée en les présentant sous une dualité raison versus émotions (ou passions).

Mais il existe différentes manières d'explorer la « réalité ». Celles-ci peuvent être individuelle ou collective, subjective ou objective. Selon ces critères, la connaissance fait appel à un formalisme spécifique que Wilber cartographie, comme nous l'avons vu, grâce à son SEI (ou modèle AQAL). Comme le souligne si bien cet auteur, mais il faut y insister, il n'est pas possible de comprendre une réalité interne, intrapsychique ou intersubjective (JE ou NOUS) avec les lunettes externes du comportementaliste ou du systémicien (ÇA/EUX ou Grand Un), etc. Et, pourrions-nous rajouter, il n'est pas non plus possible de comprendre les théories modernes d'une discipline en les évaluant à l'aune de visions plus anciennes qu'elle a développées et qui se sont avérées erronées (propriété du *time-binding* d'A. Korzybski). Cela revient à entretenir deux erreurs de raisonnement qui, comme nous l'avons vu, ont plongé le monde dans d'incroyables désordres depuis des siècles (Inquisition, guerre religieuse, 1er et 2[d] Guerre mondiale, inflation du terrorisme, etc.). Ces deux erreurs de raisonnements que Wilber explicite au travers d'exemples dans des domaines aussi variés que la politique, la science, la sociologie, la philosophie, la théologie, etc. je les ai requalifiées de *dissonance interthéorique* pour l'erreur catégorielle et *dissonance infrathéorique* pour la confusion pré-trans. Non pas par goût du changement où un quelconque plaisir de mettre ma main à la pâte du moule de la pensée complexe, mais simplement pour faire écho au concept de *dissonance cognitive* de Léon Festinger lequel me semble parfaitement adapté à la situation pour décrire ce dont il est question quand nous tombons dans l'une ou l'autre de ces deux erreurs de raisonnement. Le sens usuel de dissonance pris isolément signifie d'ailleurs « rupture d'une harmonie ». Quant à « la notion de *dissonance cognitive* élaborée par Festinger (1957), elle désigne l'état de tension désagréable ressenti par l'individu en présence de cognitions simultanées incompatibles. Les individus aspireraient à préserver leur équilibre interne et mettraient en place des stratégies cognitives et comportementales destinées à réduire les cognitions contradictoires[35]. » C'est cet état de tension qui fait que nous nous sentons agressés lorsque nous discutons avec quelqu'un sans pouvoir communiquer du fait que nous ne sommes pas en phase avec lui, en raison, soit d'une dissonance interthéorique, soit d'une dissonance infrathéorique.

## La dissonance interthéorique

Elle dépend de la position que l'on adopte d'après l'une ou l'autre des quatre perspectives exposées dans les schémas représentant le système AQAL de K. Wilber. Le regard que nous portons sur le monde ne sera pas le même selon l'origine du point de vue d'où nous nous situons (JE ou NOUS pour le sentier de gauche ; ÇA ou EUX pour le sentier de droite). De plus, il est à noter que l'influence qu'exerce sur nous notre préférence pour l'un ou l'autre des quatre quadrants est totalement inconsciente et conditionne nos modes de pensée bien au-delà du raisonnable. D'où les effets pervers du cloisonnement des disciplines scientifiques si bien dénoncé par Edgar Morin, Henri Laborit, Roland Barthes, etc. précurseurs de la pensée complexe. Mais grâce à cette cartographie wilbérienne, il nous est désormais possible de discriminer le domaine de la réalité dans lequel un auteur développe son propre modèle (sa propre théorie), et cette possibilité qui nous est offerte par la théorie intégrale est d'une importance capitale dans la compréhension des querelles d'experts auxquelles le grand public ne semble pas en mesure de pouvoir prendre part pour *x* raisons. Dès lors que les enjeux sont resitués dans leur contexte d'énonciation (l'un des quatre quadrants), ces différentes disputes prennent un tout autre sens, car :

> « *La Théorie Intégrale insiste sur le fait que vous ne pouvez comprendre l'une de ces réalités (un des quadrants ou un des Trois Grands) à travers la lentille d'une des autres.* Par exemple, regarder les réalités psychologiques subjectives essentiellement à travers une lentille empirique objective dénature grandement la valeur de ces dynamiques psychologiques. En fait, l'irréductibilité de ces trois sphères a été reconnue à travers l'histoire de la philosophie occidentale, depuis le Beau, le Bien, le Vrai de Platon jusqu'aux trois fameuses critiques d'Emmanuel Kant sur la raison pure, la faculté de juger, et la raison pratique, et jusqu'aux principes de

validité de Jürgen Habermas sur la vérité, la justesse, et la sincérité (Fig. 5). Wilber préconise vivement d'éviter l'erreur consistant à réduire l'ensemble de ces sphères à une seule d'entre elles. En particulier, il met en garde contre ce qu'il nomme la « terre plate » (Flatland) : la tentative de réduire les domaines intérieurs à leurs corrélations extérieures (c'est-à-dire, réduire les réalités subjectives et intersubjectives à leurs aspects objectifs). On observe notamment cette tendance dans les approches systémiques du monde naturel qui représentent la conscience par des diagrammes de boucles de rétroaction, et par là même perdent la texture et le ressenti des expériences à la première et seconde personne. » (Sean Esbjörn-Hargens, 2009, « Une vue d'ensemble de la théorie intégrale »)

Cela pose de grave problème d'interprétations, d'évaluations, de jugements, etc. dont on peine à mesurer les conséquences. C'est une sacrée épine dans le pied de l'humanité qui l'empêche de marcher sur le chemin de son évolution et de son accroissement de conscience.

La seconde chausse-trappe est la dissonance infrathéorique.

## La dissonance infrathéorique

Cette seconde source d'erreurs de raisonnement est le fait d'évaluer une théorie moderne et ses propres outils à l'aune de concepts plus anciens qu'elle a pourtant inclus, transcendés et corrigés. Tout cela sans tenir compte des réajustements opérés au fur et à mesure du développement de la discipline en question. Cette attitude bien connue et foncièrement humaine, proche de ce que l'on pourrait qualifier d'un *syndrome de révolution copernicienne*, se présente comme le parangon de la résistance mentale de la part des tenants d'une ancienne vision du monde par rapport à l'émergence de nouvelles représentations qui, c'est le cas de le dire, « rebattent les cartes ». Nous pouvons dès lors comprendre la façon dont certains expriment ce syndrome de révolution copernicienne en s'opposant farouchement au changement de paradigme que cette redistribution des cartes entraîne. Bien qu'il soit difficile d'en vouloir à ceux qui adoptent un tel état d'esprit, souvent provoqué par la crainte ou la peur, il est tout de même préférable d'en avoir conscience, car cela peut-être un frein à la nécessaire (r)évolution des idées et au nécessaire changement de paradigme qu'en appelle notre époque. Néanmoins, compte tenu de notre situation actuelle, il serait tout de même souhaitable que les personnes atteintes de ce syndrome puissent faire un léger effort pour ouvrir leur esprit à des idées qui les dépassent, notamment lorsque celles-ci concernent une étape essentielle à l'acquisition d'une pensée complexe, seule à même de « civiliser notre connaissance » et de sortir de « l'ère barbare des idées » ou de notre « barbarie de la communication humaine » (E. Morin, 1990, 2008).

En tant que précurseur de la pensée complexe (intégrale, transdisciplinaire, etc.), Nieztsche en appelait à une apologie de la connaissance (intégrale) bien avant l'heure, tout en fustigeant la naïveté de la théorie du libre-échange, posant en principe que l'harmonie générale doit se produire d'elle-même d'après des lois innées d'amélioration (faisant allusion à la « main invisible » d'Adam Smith qui gouvernent toujours l'économie de marché) tout autant qu'il critiquait avec virulence le christianisme et sa morale instituée. Il situait cette « barbarie de la communication humaine » au niveau de la croyance en la scientificité du langage :

> « L'importance du langage pour le développement de la civilisation réside en ce qu'en lui l'homme a placé un monde propre à côté de l'autre, position qu'il jugeait assez solide pour soulever de là le reste du monde sur ses gonds et se faire

le maître de ce monde. C'est parce que l'homme a cru, durant de longs espaces de temps, aux idées et aux noms des choses comme à des *æternæ veritates*, qu'il s'est donné cet orgueil avec lequel il s'élevait au-dessus de la bête : il pensait réellement avoir dans le langage la connaissance du monde. Le créateur de mots n'était pas assez modeste pour croire qu'il ne faisait que donner aux choses des désignations, il se figurait au contraire exprimer par les mots la science la plus élevée des choses ; en fait, le langage est le premier degré de l'effort vers la science. C'est la foi dans la vérité trouvée dont, ici encore, ont dérivé les sources de force les plus puissantes. C'est bien plus tard, de nos jours seulement, que les hommes commencent d'entrevoir qu'ils ont propagé une monstrueuse erreur dans leur croyance au langage. Par bonheur, il est trop tard pour que cela détermine un recul de l'évolution de la raison, qui repose sur cette croyance. – La logique aussi repose sur des postulats auxquels rien ne répond dans le monde réel, p. ex. sur le postulat de l'égalité des choses, de l'identité de la même chose en divers points du temps : mais cette science est née de la croyance opposée (qu'il y avait certainement des choses de ce genre dans le monde réel). Il en est de même de la mathématique, qui assurément ne serait pas née, si l'on avait su d'abord qu'il n'y a dans la nature ni ligne exactement droite, ni cercle véritable, ni grandeur absolue. » (Nietzsche, « 11. Le langage comme prétendu science », *Humain, trop humain*)

Dès lors, à suivre Nietzsche et les penseurs de la complexité, les dangers auxquels nous exposent l'absence de compréhension mutuelle comme stipulé plus haut, proviennent d'un excès de croyance en une forme de pensée qui se heurte aux dissonances cognitives interthéoriques et infrathéoriques dont nous sommes, tout à la fois, l'objet et le jouet, et qui se matérialise par le biais d'un langage inadapté à la situation à décrire.

Bien des quiproquos qui apparaissent lors de discussions ou de débats pourraient donc être évités si nous apprenions à tenir compte de ces différentes erreurs de raisonnements qui participent, à leur façon, à l'auto-destruction de la raison et à la faillite de la pensée critique. D'où la nécessité des outils proposés par les quatre auteurs présentés précédemment afin de se doter d'une boîte à outils conceptuelle capable de nous permettre de nous orienter dans la jungle du savoir humain sans y perdre la raison.

Toutefois, ces outils ne nous seront d'aucune efficacité si nous n'identifions pas le principal ennemi au développement d'une vision intégrale, de la Spirale Dynamique, du *time-binding* ou de la pensée complexe, car tous ses modèles ont pour autre point commun de n'avoir qu'un seul et même adversaire. Tâchons de le débusquer et de faire sortir le loup du bois.

---

[35] **Chabrol**, Claude et **Radu**, Miruna (2008), *Psychologie de la communication et persuasion*, Bruxelles : De Boeck Université, 320 p. (p 243).

# — **Chapitre VI** —

*L'auto-destruction de la raison
et la faillite de la pensée critique*

« La pathologie de la raison est la rationalisation qui enferme le réel dans un système d'idées cohérent mais partiel et unilatéral, et qui ne sait ni qu'une partie du réel est irrationalisable, ni que la rationalité a pour mission de dialoguer avec l'irrationalisable. » (Edgar Morin, 1990)

« Ces malades [atteints de « folie raisonnante »], qui sont le fléau de leurs familles et des maisons d'aliénés, présentent à chaque instant, et sous forme d'accès, comme une subversion totale de leurs sentiments et de leur personnalité. Ils vous accablent d'injures, d'invectives et de reproches amers ; ils voient tout à travers le prisme de la malveillance et de

la haine ; ils emploient toutes les ressources d'une intelligence, souvent avi-
vée par la maladie, pour rendre leur critique plus violente, et sont d'une imagi-
nation extrêmement fertile pour découvrir les choses les plus pénibles et les
plus blessantes. Mais ce qui prouve combien cette situation mentale est maladive,
c'est que ces malheureux aliénés, une
fois l'accès passé, non seulement recon-
naissent souvent l'injustice de leurs paroles, mais retombent bientôt dans une
disposition (d'esprit et de caractère précisément inverse : de pessimistes, ils deviennent optimistes, et sans que rien se
soit modifié autour d'eux, ils prodiguent
des éloges à ceux qu'ils avaient accablés
d'invectives, et voient sous l'aspect le
plus bienveillant et le plus favorable tout
ce qu'ils apercevaient auparavant sous
les couleurs les plus sombres. Car il est
précisément dans l'essence de cette singulière maladie de consister dans une
transformation successive de la personnalité tout entière dans un changement
total et alternatif des idées, des sentiments et des penchants. » (Jean-Pierre
Falret, 1864)


## L'auto-destruction de la raison

Que la raison puisse se perdre, cela, nous n'avons aucun mal
à l'admettre. En témoigne l'expression populaire « perdre la
raison »… nous pouvons même « aimer à en perdre la raison ». Que la raison soit fluctuante, capricieuse, qu'elle n'en

fait qu'à sa tête, nous le savons aussi. Il suffit juste que l'on prenne le temps d'être attentif à nos propres réactions dans des mises en situation d'interactions sociales pour se rendre compte que notre humeur peut parfois nous jouer des tours et nous faire prendre des vessies pour des lanternes. Ce qui est, convenons-en, quelque peu déraisonnable. Mais que la raison puisse s'autodétruire d'elle-même, c'est plutôt contre-intuitif. C'est pourtant bien ce que nous ont enseigné maints philosophes avec leurs conseils de sagesse nous invitant à prendre grand soin de notre raison.

« La raison ? » Questionne E. Morin qui se considère comme rationnel, mais qui part de l'idée que la raison est évolutive et qu'elle porte en elle son pire ennemi !

La remarque est audacieuse, mais elle n'en est pas moins pertinente pour autant. Et c'est probablement l'hypocrisie de notre raison qui peine à nous le faire admettre, car ce qui peut étouffer la raison, selon E. Morin, c'est la rationalisation : « La raison n'est pas donnée, la raison ne roule pas sur des rails, la raison peut s'autodétruire, par des processus internes qui sont la rationalisation. »

Il est une affection psychiatrique qui nous démontre bien que la raison peut nuire à la raison par excès de raison. C'est le propre de la paranoïa. Et pour l'anecdote, c'est en étudiant tout particulièrement la paranoïa que Racamier découvre la perversion narcissique : « Au demeurant, perversion narcissique et paranoïa sont apparentées mais ne sont pas sœurs, en tout cas ne sont pas sœurs jumelles. » (Racamier, 1992)

E. Morin et les sociologues auxquels ils se réfèrent formulent plutôt les choses ainsi :

> « [...] l'association entre le principe d'arraisonnement (violence, manipulation) et d'économie (rendement, efficacité) conduit à l'auto-destruction de la raison. C'est du cœur de la rationalité critique (voir les travaux de l'École de Francfort)

que surgit la dénonciation de la "raison instrumentale" devenue maîtresse (Marcuse) et imposant sa conception unidimensionnelle. C'est la découverte que cette rationalisation est devenue dictatoriale et totalitaire. "La raison se comporte à l'égard des choses comme un dictateur à l'égard des hommes ; il les connaît dans la mesure où il peut les manipuler" (Horkeimer-Adorno. « La raison est plus totalitaire que n'importe quel système »).
Il suffit donc que les hommes soient considérés comme des choses pour qu'ils deviennent manipulables à merci, soumis à la dictature rationalisée moderne qui trouve son apogée dans le camp de concentration. Certes, le totalitarisme moderne ne peut se concevoir sans un mythe profond et obscur, qui vient d'en deçà de la raison. Mais il est précisément rationalisation en ce qu'il construit l'idéologie logique de ce mythe et qu'il applique toutes les puissances techniques de rationalisation au service de ce mythe. Dans ce sens, *c'est bien la raison devenue "folle" qui constitue une des sources du totalitarisme moderne* (l'autre étant une religion politico-sociale). C'est alors que, comme le disait Husserl, triomphe "le rationalisme des pyramides". » (Morin, 1982)

Cependant, pour les rares auteurs qui ont eu à étudier les pathologies du pouvoir comme Ariane Bilheran, auteure d'un remarquable essai sur la paranoïa paru aux éditions Dunod et préfacé par Jean-Pierre Caillot, président de l'APAOR et cofondateur avec P.-C. Racamier du CPGF :

« La paranoïa est la pathologie maîtresse du harcèlement. Car le harcèlement implique des logiques de pouvoir et de groupe qui relèvent du totalitarisme : totalitarisme de la pensée où le sujet est éradiqué dans sa conscience morale et sa liberté, totalitarisme de l'action instrumentalisée, totalitarisme de l'interchangeabilité humaine, de la délation, du contrôle absolu.
Pour ce faire, la psychose paranoïaque en est la pathologie maîtresse, car il s'agit d'étendre la suprématie du contrôle sur

tous, et rien de tel que la terreur pour figer les individus et les soumettre. De plus, la paranoïa est la pathologie du pouvoir abusif, contraignant. La parole dominante est une propagande, dans laquelle les victimes de la terreur sont désignées comme coupables, et les résistants à la soumission comme des traîtres. Avec l'interprétation, chaque fait sera interprété sous l'angle de la persécution, et même l'accusation à son encontre sera brandie de la sorte : "je suis victime d'une machination", dira le paranoïaque. » (Bilheran, 2019)

Nous n'en voudrons surtout pas à E. Morin de nous communiquer une analyse de grande qualité exposant la vision sociologique de cette problématique. Ce faisant, il y répond du point de vue du quadrant ID (EUX) de la carte AQAL de K. Wilber et cette perspective mériterait d'être complétée par des analyses émanant de spécialistes du quadrant SD (objectif : neurologues, biologistes, comportementalistes, etc.), ainsi que d'autres du quadrant IG (intersubjectif : humanistes, psychanalyse groupale et familiale, etc.) et du quadrant SG (subjectif : psychanalystes, etc.). Le tout nous donnerait un portrait d'ensemble relativement homogène vis-à-vis des quatre grands courants des sciences humaines.

Toutefois, la raison puisant ses sources à la subjectivité et l'intersubjectivité, des perspectives qui sont abordées par le sentier gauche du SEI de K. Wilber, il serait opportun de compléter l'analyse d'E. Morin concernant les questions que nous nous posons sur l'auto-destruction de la raison, par une analyse du quadrant IG antagoniste, concurrente et cependant complémentaire au point de vue ID développé par E. Morin.

La raison possédant son propre œil, sa propre loupe, ses propres lunettes, c'est en le revêtant, comme le fait d'ailleurs E. Morin mais dans une perspective ID, que nous obtiendrons les données les plus significatives pour comprendre cette auto-destruction de la raison.

Du point de vue du quadrant IG, concernant les travaux sur la paranoïa, la pathologie du pouvoir par excellence, il n'en manque pas. Néanmoins, la paranoïa reste encore très méconnue chez les experts du sentier gauche (nous pourrons en saisir les raisons à la lecture de la description de cette pathologie). De fait, le grand public ignore quasiment tout de la paranoïa. Il n'en a aucune représentation sérieuse. En outre, et ce n'est pas une bonne nouvelle pour la recherche étiologique concernant cette affection, la tendance à son étude serait à la baisse. Pire encore ! Le nouveau DSM-5 a supprimé ce trait de la classification des troubles de la personnalité ce qui a fait s'interroger les auteurs de l'article « La classification de la paranoïa dans la psychiatrie américaine contemporaine : une revue de la littérature » :

> « Comme nous l'avons vu, le parti pris de la nosographie américaine consistant à s'appuyer uniquement sur le symptôme pour classifier les troubles a ainsi créé la confusion au sein de la communauté scientifique, incapable actuellement de s'accorder sur la question de la classification de la paranoïa. Dès lors, nous sommes en droit de nous demander, sans tomber nous-mêmes dans un imaginaire paranoïde : à qui profitent ces révisions ? » (Prudent, 2017)

En d'autres termes à qui profite le crime de la suppression de certaines définitions de cette catégorie diagnostique dans la dernière version du DSM-5[36] sachant que la tranche de la population où la paranoïa est la plus représentative est justement celle qui concerne les gens de pouvoir ?

En 1936, dans un article intitulé « Comment le fascisme vient aux nations », le philosophe Emmanuel Mounier écrivait :

> « Le régime a épuisé ses déceptions et, avec elles, ses raisons d'espérance. Le désespoir est aujourd'hui le seul fond de mémoire politique d'un nombre toujours croissant de citoyens ;

ils s'y retrouvent de la droite à la gauche avec une complaisance prête à tous les détournements… Que les violents s'emparent de tous ces désespérés, les nourrissent de quelques forts mensonges, les irritent de tout ce qu'ils n'ont su servir et le fait psychologique sera accompli, qu'assez de complicités matérielles s'apprêtent à soutenir. C'est le moment de nous rendre familière la préhistoire des fascismes, trop oubliée, et de nous faire une science précise des fautes qui en ont permis le succès, des ruses qui leur ont ouvert les places apparemment les plus fortes. »

Cet appel à la science précise des faits sociaux, vieux de 80 ans, trouve une actualité singulière dans notre « Village Global », entre indignados, gilets jaunes et révoltés, pire encore dans la passivité entretenue des laissés pour compte de notre société technologique si bien réglée, déjà digitalisée et programmée pourtant dite de l'abondance (pour certains).

Il appartient aux chercheurs de tous horizons de repérer – si ce n'est de dénoncer –, à l'aide de l'instrument de la pensée critique que leur donnent leurs disciplines respectives, cette résurgence des âges sombres. Où en sommes-nous aujourd'hui, plus de 80 ans après que cet appel fut passé ?

Comme nous le montre, Jan Spurk, Docteur en philosophie, professeur des Universités classe exceptionnelle et chercheur et enseignant chercheur au CERSES, dans son article de février 2013 sur « Le consentement fatal : pouvoir et domination aujourd'hui[37] » : « les acteurs de la crise sont quasiment absents des visions du monde en crise ainsi que des analyses sociologiques de ce monde ». Confirmant ainsi le fait que l'on élude, volontairement ou non, dans toutes les tentatives d'analyses des raisons de notre effondrement auquel nous assistons impuissants, les principaux acteurs de la crise. Toujours selon Jan Spurk, cette carence n'est pas sans graves conséquences, car « éviter la compréhension des rapports de pouvoir et de domination mène sur le plan scientifique à l'impossibilité de comprendre la société actuelle et ses potentiels de développement ». Or, « exclure cette question des visions du monde rend les acteurs incapables de construire des projets en vue d'un avenir meilleur ».

En terme traduisible dans le cadre de cet essai, cela signifie que pour émerger, la pensée complexe, la vision intégrale ou la transdisciplinarité, etc. doivent sérieusement se pencher sur les acteurs de la crise et la compréhension des jeux de pouvoir et de domination dans notre société actuelle, car exclure ces données de l'équation du problème, d'une, cela va à l'encontre des principes d'une pensée complexe, de deux, cela revient à mettre en application l'un des principes majeurs de la novlangue qui consiste à supprimer un mot pour supprimer l'idée qui y est rattaché et la rendre impensable (*cf.* G. Gusdorf cité en conclusion). Il est à relever que c'est ce qu'ont fait les différentes éditions du DSM avec les concepts de paranoïa et de perversion.

Que sont donc la paranoïa et la perversion ?

*La paranoïa et la perversion*

- **Quelques repères statistiques**

Des études sérieuses ont été faites dans les pays occidentaux concernant ces coûts/coups. Dans son livre *Souffrance en France, la banalisation de l'injustice sociale*, Christophe Dejours écrit dans sa préface : « Dans tous les pays du Nord, les enquêtes montrent que la santé mentale au travail continue de se détériorer et que cela entraîne des coûts exorbitants (3 à 6 % du PIB, selon les statistiques établies dans chaque pays). » Ce chiffre, ramené au PIB de la France, pèse pour 70,5 à 141 milliards d'euros en 2018. Or, le principal défaut de ces études, c'est qu'elles ne prennent pas en compte les effets les plus délétères de cette problématique.

Par exemple, il a été scientifiquement démontré et plusieurs fois prouvé par de multiples études, que les personnes en stress chronique, celles qui souffrent le plus de santé mentale au travail, celles qui sont principalement visées par la manipulation, le harcèlement et les injonctions paradoxales[38], symptômes majeurs de la paranoïa et de la perversion narcissique, que leur capacité cognitive pouvait être réduite, de plus de vingt pour cent (20 %)[39]. Cela s'explique par le fait que les neurones des zones du cerveau impliquées dans la réflexion sont détruits par les hormones du stress quand celui-ci tend à se chroniciser.

Vingt pour cent (20 %), c'est une moyenne. Mais comment rendre compte de l'impact de la perte de 20 % de nos capacités cognitives. C'est en fait très simple… ces vingt pour cent peuvent être évalués grâce à notre QI. En effet, cette perte des capacités cognitives touche les zones du cerveau impliquées dans la réflexion, précisément celles qui représentent le siège de la raison et de l'activité consciente du sujet mesuré par les tests de QI. Le calcul est donc extrêmement simple (et au sein d'associations de lutte contre le harcèlement, j'ai moi-même pu tester le résultat sur plusieurs personnes, mais en l'absence de protocole expérimental et d'aide à la recherche, l'information demeurera confidentielle pour longtemps encore) :

- pour un QI de 100, 20 points de QI en moins, QI = 80 ;
- pour un QI de 110, 22 points de QI en moins, QI = 88 ;
- pour un QI de 120, 24 points de QI en moins, QI = 96 ;
- pour un QI de 130, 26 points de QI en moins, QI = 104 ;
- pour un QI de 140, 28 points de QI en moins, QI = 112 ;
- pour un QI de 150, 30 points de QI en moins, QI = 120 ;
- etc.

Je connais le cas d'un patient dont les tests de QI ont été mesurés à 96 et 104 points en condition de test et retest en période de harcèlement. Un an après être sorti de son stress chronique induit par ce harcèlement il passa un test de QI où il obtint un score de 154 points. Impossible vous disent les spécialistes du QI… et pourtant. Ayant pu constater ce genre de résultats à plusieurs reprises, je n'ai guère de doute sur ce phénomène qui pourrait être scientifiquement étudié si nous nous en donnions les moyens (je dois au Dr J.-P. Caillot le courage d'écrire cela, sans ses encouragements, je ne m'y serais pas hasardé tant le *syndrome de révolution copernicienne* de certains « scientifiques » est à la longue usant).

Comment interpréter ces chiffres et que traduisent-ils exactement ?

Ici encore, nous ne nous aventurons pas à l'aveugle. La perte de QI commence à inquiéter certains scientifiques qui se sont penchés sur le problème. Voici ce qu'écrit le journaliste Jérôme Foucart sur le journal *Le Monde* du 1er décembre 2014 s'agissant des pollutions : « Les pollutions diffuses sont responsables d'une érosion des capacités cognitives de la population. Pour l'estimer, la métrique généralement choisie par les chercheurs en santé publique est la perte de points de quotient intellectuel (QI) – perte qui peut être convertie en perte économique. Les résultats sont souvent surprenants. » S'agissant toujours de la perte des capacités cérébrales imputables à la pollution, il poursuit : « La perte peut sembler modeste : depuis le retrait de l'essence plombée, la plombémie moyenne est descendue chez les enfants américains autour de 15 microgrammes par litre. Cependant, une "petite" érosion des capacités cognitives d'une grande population peut avoir des conséquences socio-économiques considérables. *Par exemple, une chute de seulement 5 points de QI moyen conduit à réduire de 60 % le nombre de surdoués. Surtout, elle augmente de plus de 50 % celui des individus considérés comme handicapés mentaux, nécessitant une assistance et des soins particuliers.* » Inutile de reprendre ici les chiffres avancés par cet article de journal qui, concernant le cas de la perte de QI dû au stress, n'est pas comparable avec celle causée par la pollution, toutefois, cette augmentation de débiles et cette réduction de surdoués concernant ne serait-ce que la perte de cinq points de QI, cinq non pas vingt à trente, juste cinq, laisse songeur et nous communique bien des informations. Notamment le fait que, compte tenu de l'état actuel de notre société, l'auto-destruction de la raison se traduit par un « neurocide » capable de générer à lui seul l'effondrement de notre civilisation.

*Ces quelques chiffres présentés ici n'ont cependant pas d'autres valeurs qu'indicatives.* Ils ne nous communiquent rien sur ce processus d'auto-destruction de la raison. Ils ne nous renseignent pas sur le qui, quoi, où, quand, comment, combien et pourquoi, mais ils nous donnent toutefois une vague idée de l'impact sur le social de ces graves trouble de la personnalité.

Intéressons-nous donc un peu plus à la paranoïa et à la perversion narcissique.

- **Qu'est-ce que la paranoïa ?**

L'étymologie du mot paranoïa se suffirait presque à elle-même. Du grec *noos* la « pensée » et du préfixe *para-* « à côté de », paranoïa se traduit par « à côté de la pensée ». En effet, l'une des plus célèbres études historiques réalisées sur cette affection la présente comme une « folie raisonnante » caractérisée par un délire d'interprétation[40]. Ce délire d'interprétation fait que chez ces sujets, il arrive parfois qu'il existe un divorce total entre ce qui est dit – ou écrit – et ce qu'ils en comprennent véritablement, car dans la paranoïa, contrairement à la « démence », il y a « folie » sans altération des capacités intellectuelles. Plutôt y aurait-il chez le paranoïaque des capacités intellectuelles supérieures à la moyenne. Peut-être est-ce ce contraste paradoxal d'une folie non pas par perte de raison, mais par excès de raison qui est difficile à concevoir pour le commun des mortels ?

En 1864, dans son recueil sur *Des maladies mentales*, J.-P. Falret en donne la description en exergue à ce chapitre. En 1899, le psychiatre allemand Kraepelin la définit ainsi : « Le développement insidieux, sous la dépendance de causes internes et selon une évolution continue, d'un système délirant durable et impossible à ébranler, et qui s'instaure avec une conservation complète de la clarté et l'ordre de la pensée, le pouvoir et l'action. »

Par la suite, de nombreux termes sont nés pour désigner cette affection, mais « dans tous les cas, l'absence de détérioration mentale jointe à la prétention inébranlable de détenir la vérité et l'abord rigide, hostile et méfiant signe cette pathologie selon ses diverses acceptions[41]. »

Peu de temps après la définition de Kraepelin et l'étude magistrale qu'il a réalisée avec son collègue Joseph Capgras, Paul Sérieux publie en 1910 un article qui synthétise leurs travaux et c'est de cet article que j'extrais les remarques suivantes qui seront très utiles à notre propos :

> « [Sous la] dénomination [de délire d'interprétation] nous groupons une catégorie de déséquilibrés qui arrivent à forger un roman délirant grâce à la multiplicité de leurs erreurs de jugement, à la signification personnelle qu'ils donnent aux sensations ou aux événements les plus fortuits. C'est seulement à l'aide d'interprétations fausses que se fixe et se développe ce roman souvent très simple, parfois fort compliqué. Les troubles sensoriels, les hallucinations auditives et cénesthésiques qui jouent un rôle si prépondérant dans d'autres psychoses systématisées, font habituellement défaut. Les interprétateurs ne sont pas des hallucinés. D'autre part ils ne deviennent jamais déments, c'est-à-dire que, par lui-même, le délire d'interprétation n'entraîne aucun affaiblissement de l'intelligence. » (Sérieux, 1910)

L'affaire ne se présente pas sous les meilleurs auspices puisque les « interprétateurs » se caractérisent essentiellement par la multiplicité de leurs erreurs de jugement. C'est donc en premier lieu *le discernement* qui fait défaut chez eux, car leur interprétation fausse n'entraîne aucun affaiblissement de l'intelligence.

Pour P. Sérieux, « dans le Délire d'interprétation, l'association de la raison et de la folie s'observe à un tel degré que le même individu apparaît tour à tour aliéné et sain d'esprit. [...] L'état mental de l'interprétateur – abstraction faite de son délire – ne présente aucun trouble morbide apparent. [...] La plupart d'entre eux ne délirent spontanément qu'au cours de certains paroxysmes interprétatifs. »

Mais le plus improbable, c'est que les paranoïaques « *exposent leurs chimères avec tant de chaleur, ils les défendent par des arguments si persuasifs qu'ils les communiquent à l'entourage.* On prend l'interprétateur pour une victime ; tout au plus consent-on à lui trouver quelques raisonnements outranciers ; *rarement on le considère comme un aliéné.* »

Nous touchons-là le point d'achoppement de la paranoïa. Celui par lequel les choses deviennent incompréhensibles et incroyables. Ce qu'il y a de plus dur à comprendre ; les paranoïaques ont beau se faire prendre la main dans le pot de confiture, ils jureront tous leurs grands dieux que c'est vous qui vous trompez, qu'il n'a pas pu faire ce que vous lui reprochez d'avoir fait, que vous n'avez pas vu ce que vous venez de voir ou que vous n'avez pas entendu ce que vous venez d'entendre... et ils y parviendront, car quoi qu'il advienne. Si en votre foi profonde vous restez sûr de vous : vous avez bien vu ce que vous avez vu et vous avez bien entendu ce que vous avez entendu – parfois même preuve d'un enregistrement à l'appui – alors oui, le paranoïaque a bien trempé les doigts dans le pot de confiture. Or, c'est à ce moment-là que si vous ne le croyez pas sur parole, c'est que vous manigancez un complot contre lui. De son point de vue, il ne peut en être autrement. C'est ce que d'ordinaire on appelle la *mauvaise foi*, mais chez le paranoïaque, cette mauvaise foi prend de telles proportions qu'au final vous ne pouvez qu'accepter de lui donner raison… ou bien supporter qu'il vous prenne pour un persécuteur. Cette mauvaise foi est spécifique et je ne peux m'y attarder dans le cadre de cet essai, mais le paranoïaque *sait et ne sait pas* tout à la fois que son propos est foncièrement faux et injustifié.

L'un des traits communs les plus connus du paranoïaque est le délire de persécution et ce sentiment est chez eux inversement proportionnel au pouvoir de conviction qu'il pourra exercer sur son entourage. Vivre avec un paranoïaque, c'est croire ou mourir et finir par mourir à force de ne plus y croire.

Pour P.-C. Racamier, le pouvoir de conviction délirante inébranlable du paranoïaque viendrait du fait « que les démonstrations paranoïaques sont tout empreintes de logique. On a tendance à croire que tant de conviction, de logique et de persévérance ne peuvent que servir la vérité et le bon droit. Cette sorte d'illusion peut exercer des ravages dans la vie des peuples et dans celle des familles[42]. »

Il est cru parce qu'il raisonne et il raisonne juste : il use de la raison contre la raison elle-même. Avec le paranoïaque nous avons donc la preuve vivante que la raison peut s'auto-détruire.

Racamier cite le célèbre exemple du Président Schreber étudié par Freud :

> « Si Daniel-Paul [le président Schreber] était un vrai délirant, mais un faux paranoïaque, son père, lui, était un faux-père mais un vrai paranoïaque pervers : un modèle de paranoïa rampante. Le plus remarquable en cette affaire n'est pas seulement que le patient ait sans le savoir nourri son délire à partir des contraintes systématiques exercées par son père,

mais que les prescriptions contraignantes de celui-ci, publiées en ouvrages minutieusement illustrés, aient inspiré l'éducation des enfants d'Allemagne pendant plusieurs générations, au point que les jardins d'enfants de Saxe ou de Bavière se sont longtemps appelés des *Schrebergarten*. (Peut-être sait-on que les garçons ainsi "élevés" ont été les ascendants des Jeunesses hitlériennes). Voilà une preuve, s'il en fallait, du stupéfiant pouvoir d'intimidation et de pénétration des convictions paranoïaques. (On dit quelquefois que la vérité finit toujours par triompher. Sans doute… mais quand elle l'emporte, c'est rarement du premier coup, tandis que les blindés de la passion paranoïaque sont plus souvent les premiers à forcer le jugement des individus, et des groupes). » (Racamier, 1992*b*)

Quant à son origine et à son processus :

« Il est donc vrai que le déni est à l'origine de la paranoïa – tout comme il est à l'œuvre en toute psychose, ainsi d'ailleurs qu'en toute perversion, et nous savons que la paranoïa avance à cheval entre psychose et perversion. Mais le processus ne va pas d'un seul trait. Ce qui se produit tout d'abord, c'est que certains dénis œuvrent en silence ; l'entourage est sollicité d'y prêter main forte ; l'entourage en sue, mais rien encore ne transpire. La paranoïa n'éclate qu'au moment où ce déni reçoit un démenti flagrant. Le sujet se sent alors atteint dans ses œuvres vives, dans sa substance ; sa fureur éclate, qui est à ses yeux légitime, justicière et salvatrice. Il va passer à la vitesse supérieure ; se hausser à des dénis beaucoup plus violents et manifestes ; ses convictions ont été ébranlées : il devient urgent de les redoubler ; les projections fusent, les Panzers démarrent : la paranoïa est allumée ; la guerre a commencé. » (Racamier, 1992b)

On ne raisonne pas un « fou raisonnant ». Pour Ariane Bilheran : « Le paranoïaque est expert en falsification du raisonnement, en faux et usages de faux de la pensée[43]. »

- **Qu'est-ce que la perversion narcissique ?**

Au Congrès du 21.09.1985 organisé à Grenoble par l'AP-SYG, P.-C. Racamier présente publiquement le concept de perversion narcissique pour la première fois après en avoir fait mention dans plusieurs articles et son livre *Les schizophrènes* : « Cliniquement la perversion narcissique se caractérise, pour un individu, *par le besoin et le plaisir prévalents de se faire valoir soi-même aux dépens d'autrui.* » Il rajoute : « C'est un plaisir spécifique […] obtenu par des manœuvres et conduites pragmatiquement organisées, au détriment de personnes réelles. Quant au besoin qui sous-tend cette perversion, ses sources inconscientes, certes complexes, sont foncièrement contre-dépressives. »

Racamier précise également que la perversion narcissique est une perversité et non pas une perversion sexuelle. Précisions d'autant plus importantes que de nos jours, nombreux sont encore les psychanalystes orthodoxes à ne considérer qu'il n'existe que des perversions sexuelles. Comme si la psychanalyse depuis sa naissance à la fin du XIXe siècle n'avait pas su évoluer après Freud. (Chez de tels psychanalystes nous pouvons dire que la principale caractéristique qui fait que l'homme se distingue de l'animal selon A. Korzybski, le *time-binding*, a été purement et simplement annihilée).

Dans son *Cortège conceptuel* édité en 1993 page 59, il en donne la définition la plus aboutie : la perversion narcissique « définit une organisation durable ou transitoire caractérisée par le besoin, la capacité et le plaisir de se mettre à l'abri des conflits internes et en particulier du deuil, en se faisant valoir au détriment d'un objet manipulé comme un ustensile et un faire-valoir. »

Sur le site de l'APAOR, Maurice Hurni commente cette dernière définition :

« Définition magistrale d'un concept-clé, où chaque terme a son importance. Elle englobe (au moins) deux protagonistes : le pervers-narcissique qui "se met à l'abri" de ses problèmes en les expulsant sur d'autres personnes ; et celui ou ceux qui vont endosser ces problèmes ainsi externalisés. Il en résulte une situation pleine de paradoxes : celui qui est malade ne l'est pas. Au contraire, il jouit souvent d'une santé florissante. Celui qui est malade est, lui, au départ, plutôt sain. Le voilà maintenant affecté, sans le savoir, d'une affection qui ne lui appartient pas, à laquelle il ne comprend rien et dont il ne peut évidemment pas "guérir", malgré ses efforts souvent désespérés.

Un autre terme essentiel, et audacieux, de cette définition est celui de "plaisir". Il signe l'aboutissement du processus d'inversion par lequel le pervers permute la souffrance en jouissance. Il éclaire l'impossibilité de traitement de ces malades qui n'ont (surtout) aucune demande. Quant à la nature du plaisir pervers-narcissique, il reste à élucider. Il est probablement proche de la notion de jubilation et, partant, de la mégalomanie de se sentir supérieur à tout ce qui est de l'ordre œdipien[44]. »

De ces définitions, Racamier en tire de nombreuses notions importantes qui nécessitent de très longs développements puisque la perversion narcissique est une théorie tissée sur un réseau de concepts (son *Cortège conceptuel* en contient quelques centaines et plusieurs dizaines d'essentiels). Dans mon travail en cours, je me concentre sur les 4 plus importants accompagnés d'une dizaine d'autres que vous ne trouvez que rarement énoncés dans les écrits de vulgarisation sur cette « pathologie » qu'il serait préférable de décrire sous l'expression de « pathologie du lien[45] » ou « pathologie des agirs de parole[46] ». La description de ces quelques notions me demande déjà plus de 200 pages pour initialement 12 chapitres prévus. À l'heure où je rédige cet opus pour ne pas surcharger ce projet, j'attaque le sixième chapitre. Je sollicite donc votre indulgence pour ne pas avoir à m'étendre de plus sur les détails de ce qu'est la perversion narcissique selon les théorisations de son auteur. L'important à retenir ici, c'est le fait, comme le note Maurice Hurni, celui qui au départ est malade ne l'est plus, et celui qui au départ est sain tombe effectivement malade. De là, cette situation pleine de paradoxes qui nécessite un essai de près de 300 pages pour en expliquer les mécanismes et les ressorts, d'autant que, fonctionnant en réseau, les enchevêtrements de double-nœud (double-bind, ou double contrainte dont les injonctions paradoxales sont un type particulier) sont particulièrement complexes à desserrer.

À noter enfin que la proximité de la paranoïa avec la perversion narcissique, comme déjà souligné *supra*, fait que bien souvent, si ce n'est fréquemment, une personne utilisant une défense intrapsychique de type perverse narcissique décompensera en paranoïa, car si « *la grande porte de la paranoïa c'est le délire* », l'autre voie d'accès en est la perversion narcissique.

Or, paranoïa et perversion narcissique ont un point commun essentiel : l'usage de la raison a des fins de manipulation, car l'instrument majeur de la perversion narcissique, c'est la parole.


Considérant ce qui précède et constatant l'auto-destruction en cours de la raison, il n'est nullement étonnant d'observer également une faillite de la pense critique, mais avant que d'aborder cette faillite et après avoir identifié les « coupables » de ce mal (paranoïa et perversion narcissique), intéressons-nous aux raisons de cette déraison et répondons à la question de savoir ce qui se passe dans ces pathologies ? Comment ça fonctionne ? Quels processus et phénomènes sont en jeu ? Etc.

Dans un ouvrage qui malheureusement rate l'objet de sa critique tout en étant brillant par ailleurs – à tel point qu'il me faudrait m'entretenir avec son auteur – Marcel Sanguet donne une excellente définition de la perversion narcissique (alors que son livre a été écrit dans le but de démontrer que le pervers narcissique n'existait pas). Il décrit un phénomène typiquement pervers qui peut être considéré comme le symptôme le plus « sidérant[47] » de la perversion narcissique :

> « La récupération est un phénomène bien connu en politique et participe de ce mouvement de retournement propre au discours de la perversion et destiné à jeter la confusion dans l'esprit de celui à qui elle s'adresse. Les nazis se sont ainsi approprié Nietzsche, des figures politiques de gauche sont citées par un gouvernement de droite, jusqu'à Hannah Arendt qui justifie la passion de l'autorité pour une droite extrême. Certes, les idées appartiennent à tout le monde et font leur chemin indépendamment de leur créateur, mais le pervers a un usage tout particulier de cette liberté de s'en emparer : il se délecte à les retourner, à leur tordre le sens, non pour jouer de l'équivoque du langage mais pour semer le trouble chez celui qui reçoit son message [*sic !*]. Le destinataire en ressort abasourdi, sidéré, vide de pensée, et c'est précisément cette atteinte à la subjectivité qui fait la jouissance perverse. » (Sanguet, 2016, pp. 37-38) »

« C'est précisément cette atteinte à la subjectivité qui fait la jouissance perverse. » En cela, M. Sanguet voit juste, sauf qu'il ne va pas au bout de son raisonnement, car en ne questionnant pas plus en profondeur la nature de cette jouissance, qui est bien différente de la jouissance du pervers sexuel, il s'interdit d'avoir à se confronter à la représentation du pervers narcissique. C'est là sa grande erreur malgré sa remarquable description. Ce qui lui fait dire que le pervers narcissique n'existe pas… tout en lui donnant l'une des plus belles défi-nitions qui m'ait été donné de lire. Comprenne qui pourra… (En fait, c'est très facile à comprendre : M. Sanguet est ici victime de la *paradoxalité*. J'y insiste, car c'est un point symptomatique particulier propre aux pathologies narcis-siques graves – dont la paranoïa et la perversion narcissique, etc. Il ne possède manifestement pas ce concept, d'où son aveuglement, *cf. infra* sur les conséquences de cette para-doxalité).

Le pervers (narcissique donc) considérant que les idées appar-tiennent à tout le monde et qu'elles font leur chemin indépen-damment de leur créateur, estime être dans son droit de pou-voir en user *à sa guise,* quitte à leur *réassigner* un nouveau sens connu de lui seul et bien souvent en *lui faisant dire l'exact contraire de ce que l'idée ainsi détournée exprimait à l'origine.*

Truc de dingue !

Si vous ne connaissez pas ce tour de passe-passe, vous vous faites piéger à tous les coups !

Noter que par ce renversement nous retrouvons-là l'étymolo-gie du mot *perversion* puisqu'initialement ce terme désignait au IIIe siècle chez Tertullien l'idée d'un « bouleversement » ou la « falsification d'un texte ».

Dans *Les Aventures d'Alice au pays des merveilles*, le génial Lewis Caroll décrit une situation de ce type où le pervers s'abroge le droit de donner aux mots le sens qu'il en conçoit *lui*, et *lui seul,* quitte à en changer à sa convenance lorsqu'il rencontre d'autres personnes ou d'autres publics (d'où l'effet de « sidération » renforcé chez les proches du pervers). Et ce changement peut s'effectuer en une fraction de seconde à l'image de l'humeur du pervers qui peut se retourner en son contraire aussi rapidement qu'un battement de sourcil. (Raca-mier appelle cela l'*interversion,* les psychotraumatologues parlent de *switch*. Être témoin d'un tel « bouleversement » à un effet totalement médusant – sidérant – sur la psyché humaine).

Lorsque Humpty-Dumpty discute du sens des mots avec Alice (revoyez la scène qui, traitée sous le mode de l'humour, a la particularité de stopper la sidération autrement induite) : « Quand j'utilise un mot, dit Humpty Dumpty avec un certain mépris, il signifie exactement ce que j'ai décidé qu'il signifie, ni plus, ni moins ». Et quand Alice objecte en adoptant une attitude un brin naïve en lui demandant si on peut donner autant de sens différents à un mot, Humpty Dumpty répond : « la question est de savoir qui est le maître ! »

Génialissime !

Car, c'est bien de cela dont il s'agit : « La question est de savoir qui est le maître ! »

En termes psychanalytiques, on parlera d'omnipotence et de loi, etc. Je ne vais pas vous ennuyer de plus avec le jargon psychanalytique qui sait très bien traduire ce genre de situation dans un vocabulaire spécifique malheureusement peu accessible aux profanes.

La loi concernant le sens des mots, je n'en connais personnellement qu'une seule : celle du consensus social relevé par les dictionnaires. Ainsi, j'ai quelquefois eu maille à partir avec ce genre de pervers qui me soutenaient le sens d'un mot ou d'une idée tels qu'ils l'entendaient eux *à l'encontre même des définitions des dictionnaires académiques classiques* (CNRTL, Littré, Dictionnaire de l'Académie française, Grand Robert, etc.) et refusant « hystériquement » (avec tout le côté théâtral que cela comporte) toutes autres définitions qui n'étaient pas la leur. Le tout, sans définir correctement le sens qu'ils attribuaient eux-mêmes aux mots usités détournés de leur sens original ce qui a pour effet de maintenir la communication dans un certain « brouillard ». Flou qui sera ensuite reproché triomphalement à son interlocuteur. La conséquence d'une telle forme de communication est un « blanc de pensée » semblable à une embolie psychique.

Cette embolie psychique Racamier l'a nommé le *décervelage*. Or, le décervelage est l'apanage le plus redoutable de la *pensée perverse* (dont le pervers narcissique et le paranoïaque sont experts).

Cette distorsion du sens des mots, cette façon de récupérer et de s'attribuer les idées ou les concepts est, chez le pervers narcissique, très particulière et spécifique. C'est l'équivalent d'un vol d'identité, mais qui à la violence d'un viol psychique pouvant conduire à un « meurtre psychique » commis, non pas par le passage à l'acte physique, mais par le biais de la parole, du sens et du symbolisme des mots. D'où le fait, comme le souligne Gérard Pirlot et Jean-Louis Pedinielli, que nous puissions désigner la perversion narcissique comme une « pathologie des agirs de paroles » :

> « Pour Racamier, la perversion narcissique s'est dégagée de ses travaux sur les processus pervers dans les familles et les groupes et de ses réflexions sur la séduction narcissique (maternelle en particulier). Pour lui, la perversion narcissique constituerait une modalité particulière des "perversions de caractère", mais se traduirait par une pathologie de l'agir relevant plutôt de la parole que de l'acte. "Dérive" manipulatoire de la séduction narcissique, elle appartient à un registre plus public (familial, social) que la perversion sexuelle, d'ordre plus privé. Les manœuvres semant la confusion dans l'esprit de l'autre relèvent d'un registre de disqualification des sensations, des émotions ou des pensées de l'autre, victime de la séduction perverse qui "l'enferme" dans la toute-puissance du pervers. Chez la victime, cette disqualification crée une "dé-fantasmatisation", une "désymbolisation" et détruit les différences entre les registres psychiques, créant une

confusion sur laquelle "joue" le pervers narcissique. Ces disqualifications apparaissent volontiers dans le champ de la communication, de l'omission de qualification (une mère se plaint que son enfant ne fait pas de sport, s'il en fait, elle dit alors qu'il ferait mieux de faire de la musique), de la surestimation narcissique mensongère de l'objet (flatterie) qui a pour but le contrôle de celui-ci... Un autre procédé est l'induction (Eiguer, 1996) : la victime se laisse abuser, parce qu'elle peut se trouver dans une situation de faiblesse, de fragilité. Le pervers le perçoit et va alors faire éprouver à la victime des sentiments inhabituels pour elle mais qui appartiennent au sujet pervers. Utilisant l'identification projective, il délègue et dépose dans l'autre des affects et des idées dont il souhaite se débarrasser. Pousser la victime parfois jusqu'à la faute pour ensuite la critiquer et la mettre à sa merci, tel est le but pervers du "détournement" de toute relation. » (Pirlot et Pedinielli, 2013)

La lecture de ces quelques lignes nous fait entrevoir la Complexité du processus. Complexité avec un grand C, car pour avoir mis à jour un tel mécanisme diabolique et l'avoir décrit avec beaucoup de finesse et une avance de près de cinquante sur son époque – la première description de la paradoxalité date de 1978 –, il fallait clairement avoir une pensée complexe très bien structurée.

Je ne peux poursuivre ici la description idiosyncrasique de cette pathologie des agirs de parole qui fait actuellement l'objet d'un projet d'ouvrage plus conséquent. Qu'il me soit simplement permis de résumé ici ce thème en précisant que « la perversion narcissique constitue sans aucun doute le plus grand danger qui soit dans les familles, les groupes, les institutions et les sociétés. Rompre les liens, c'est attaquer l'amour objectal et c'est attaquer l'intelligence même : la peste n'a pas fait pis. » (Racamier, 1992b) Cette attaque de ce qui fait lien, en pensée, en parole ou en acte, est probablement ce qui caractérise le mieux cette pathologie du lien. On comprend alors que l'intelligence, cette « faculté de comprendre » qui résulte de notre capacité à créer des liens, est la principale cible de la perversion narcissique. D'où l'embolie psychique qui en résulte et la faillite de la pensée critique dans notre société.

## La faillite de la pensée critique

En aparté et avant d'entrer dans le vif du sujet, permettez-moi quelques précisions sur ce que devrait être l'exercice de la pensée critique, au sens le plus noble du terme, et l'analyse correcte de concepts à laquelle elle doit aboutir dans un souci de véracité, car le climat social actuel de post-vérité[48] n'est absolument pas propice à une démarche rigoureuse respectant une certaine éthique : nous confondons très fréquemment la *pensée critique* avec la *critique* et l'*esprit critique* avec l'*esprit à la critique*, etc. Or, l'art de la critique suit des règles strictes qui ne peuvent être perverties sans courir le risque de tomber dans l'invective, la calomnie ou la diffamation. C'est malheureusement quasiment toujours ce qui se passe de nos jours dès lors qu'une critique est émise sur un quelconque sujet. Il est impossible d'être d'accord avec tout le monde et cette diversité doit être chérie, mais lorsque nous exprimons nos désaccords sur un sujet donné, encore convient-il de le faire avec un certain respect[49] des règles de pratique de la pensée critique. À défaut, c'est la porte ouverte à toutes les perversions dont nous pouvons donner ici une première définition inspirée des écrits de Gilles Deleuze[50] : *toute perversion est un altruicide.* (Le mot altruicide figure dans certains dictionnaires et désigne un *assassinat d'autrui,* un *assassin d'autrui* ou l'*action de ne pas prendre autrui en considération*).

La pensée est assez simple à définir, elle peut être ramenée à la désignation d'un « principe de la vie psychique et de son activité dans son ensemble » (CNRTL).

Le signifiant *critique* est un peu plus délicat à déterminer du fait de sa polysémie. À l'heure actuelle, le sens qui prédomine est son acception péjorative qui est une « tendance caractérielle à relever les défauts et les imperfections », soit, comme nous allons le voir, tout le contraire de ce qu'il convient de faire pour s'adonner à un exercice raisonné de la pensée critique. Dans bien des situations où cette « tendance caractérielle à relever les défauts et les imperfections des autres » s'exprime, nous nous trouvons en présence d'une forme plus ou moins atténuée et ennuyeuse de perversion narcissique : « Tant que la perversion narcissique se fonde surtout sur une affirmation renforcée ("Je suis meilleur que vous"), elle n'est qu'ennuyeuse. » (Racamier, 1992) De cette perversion narcissique ennuyeuse, les phénomènes de trollage sur Internet en relèvent au même titre que les critiques indues de la part de personnes qui ignorent tout du sujet sur lequel ils s'affrontent en produisant fréquemment des erreurs de raisonnement introduisant des dissonances interthéoriques et/ou infrathéoriques dans le « débat ».

Les choses se compliquent lorsqu'en l'absence d'une véritable pratique de la pensée critique, cette perversion est diffusée par de nombreux circuits de communication qui nous sont désormais accessibles et se propage, si nous n'y prenons garde, par contagion d'un individu à l'autre. C'est bien cette ambiance délétère qui envahit certains forums n'ayant peu ou prou de modérateurs.

S'agissant du sens usuel, et non pas péjoratif, du substantif critique, il désigne :

A. Capacité de l'esprit à *juger* un être, une chose à *sa juste valeur*, après avoir *discerné* ses mérites et défauts, ses qualités et imperfections. [...]

B. Examen constituant la première phase de la *capacité de l'esprit à juger* un être, une chose à *sa juste valeur*. [...]

C. Jugement de valeur qui constitue la seconde phase de la capacité de l'esprit à juger un être, une chose à sa juste valeur.

1. Jugement qui tient compte des *mérites et défauts*, des *qualités et imperfections* de l'être ou de la chose que l'on examine. [...]
2. Jugement défavorable porté sur les défauts de quelqu'un, les imperfections de quelque chose.

À la lecture de ces définitions, nous pouvons facilement constater qu'à l'heure actuelle le sens usuel de l'adjectif critique est son sens péjoratif et non pas son sens commun tel qu'il est défini par le dictionnaire. Ce qui est un très fort indicateur de la représentation de la notion de *pensée critique* dans notre société actuelle et du niveau d'auto-destruction de la raison auquel nous sommes rendus. Cette idée en atteste, car sous l'influence du sens péjoratif du mot *critique*, nous en sommes arrivés à croire que celui qui s'adonne à la critique en exprimant sa « tendance caractérielle à relever les défauts et les imperfections » des autres avait une pensée alors qu'il ne fait que révéler, en les projetant sur la scène sociale, ses plus mauvais penchants se défaussant par-là de ses plus viles imperfections. (Ce qui est le meilleur moyen de les nourrir, soit dit en passant).

Il n'est pourtant rien de plus contraire à la pensée critique !

Relevons attentivement que le sens commun du mot critique communiqué par le dictionnaire évoque des idées telles que *capacité de l'esprit*, *jugement* à sa *juste valeur*, *discernement*, *mérite et défaut*, *qualités et imperfection*. Tout ce en quoi la critique, au sens péjoratif du terme, exprimant une « tendance caractérielle à relever les défauts et les imperfections » des autres ne saurait donner. La pensée critique ne peut être confondue avec la critique comme elle l'est actuellement. C'est ce genre de concessions intellectuelles qui, outre la dénonciation de la « raison instrumentale » devenue maîtresse en imposant sa conception unidimensionnelle de la réalité et l'association entre le principe d'arraisonnement (violence, manipulation) et d'économie (rendement, efficacité), conduisent à l'auto-destruction de la raison (Morin, 1982).

La pensée critique doit aussi s'armer contre ce genre d'attaques qui pervertissent le sens des mots, des idées, concepts, modèles, théories, etc. De son temps déjà, Platon n'exprimait-il pas l'idée que : « La perversion de la cité commence par la fraude des mots » ?

Notre complaisance envers de tels renversements de sens est tout aussi dangereuse que la « raison instrumentale » et l'association des principes d'arraisonnement et d'économie. Je franchirais même un pas de plus dans cette comparaison : la fraude des mots, la perversité du langage est une arme bien plus dangereuse qui justifie l'usage de la violence et de la manipulation à des fins d'enrichissements.

En me basant sur les travaux d'A. Korzybski sur la sémantique générale, du philologue allemand Victor Kemplerer sur la *LTI - La langue du III<sup>e</sup> Reich*, du romancier George Orwell sur la novlangue, et de quelques autres auteurs ayant travaillé sur la théorie de la perversion narcissique, dont l'instrument majeur est la parole (ce qui ne signifie pas que toute parole soit perverse), il est possible de conclure que *le fait générateur du processus d'auto-destruction de la raison commence subrepticement par des infections d'éléments toxiques qui corrompent et corrodent le langage en lui faisant perdre ses propriétés de mises en sens.* Exactement à l'image des effets d'un poison mortel sur un organisme vivant. Je ne vais pas refaire ici le long travail d'analyse de ces éléments corrosifs qui ont le pouvoir d'agir sur notre raison comme des *psychovirus*. Cela m'écarterait de trop des objectifs de ce petit opus en le surchargeant d'autant plus inutilement que cette analyse devrait très bientôt paraître dans un prochain livre.

Je m'en tiendrais donc ici à quelques citations d'auteurs cités *supra* dont les notes et les recherches ont déjà fournis la base de travaux, certes rares de par leur étendue, mais conséquents de par leur grande qualité.

*Citations :*

> « – Le rôle du langage dans les processus perceptuels (1950) utilise le thème de la 'perception' pour faire prendre cons-cience – à l'aide de nombreux exemples et anecdotes – de l'immense pouvoir qu'exerce sur nous le langage, dont la structure s'impose inconsciemment et canalise automatique-ment notre évaluation du monde et de nous-mêmes. Ce thème fournit l'occasion d'un premier repérage de formula-tions importantes de l'édifice korzybskien : en particulier les trois prémisses du système [...] » (Korzybski, 1998)

> « On cite toujours cette phrase de Talleyrand, selon laquelle la langue serait là pour dissimuler les pensées du diplomate (ou de tout homme rusé et douteux en général). Mais c'est exactement le contraire qui est vrai. Ce que quelqu'un veut délibérément dissimuler, aux autres ou à soi-même, et aussi ce qu'il porte en lui inconsciemment, la langue le met au jour. Tel est sans doute aussi le sens de la sentence : *Le style c'est l'homme* ; les déclarations d'un homme auront beau être mensongères, le style de son langage met son être à nu. » (Victor Klemperer, *LTI*)

> « Le nazisme s'insinua dans la chair et le sang du grand nombre à travers des expressions isolées, des tournures, des formes syntaxiques qui s'imposaient à des millions d'exem-plaires et qui furent adoptées de façon mécanique et incons-ciente. [...] La langue ne se contente pas de poétiser et de penser à ma place, elle dirige aussi mes sentiments, elle régit tout mon être moral d'autant plus naturellement que je m'en remets inconsciemment à elle. Et qu'arrive-t-il si cette langue cultivée est constituée d'éléments toxiques ou si l'on en a fait le vecteur de substances toxiques ? Les mots peuvent être

comme de minuscules doses d'arsenic : on les avale sans y prendre garde, ils semblent ne faire aucun effet, et voilà qu'après quelque temps l'effet toxique se fait sentir. » (*Ibid.*)

« Reste à savoir si, en perdant de sa vigueur, le mot a aussi perdu de son poison. On pourrait répondre affirmativement en alléguant que "fanatique" s'est désormais chargé sans qu'on n'y prenne garde, d'un sens nouveau, qu'il est mis à désigner un heureux mélange de bravoure et de dévouement passionné. Mais il n'en est rien. *"Langue qui poétise et pense à ta place..." Poison que tu bois sans le savoir et qui fait son effet – on ne le signalera jamais assez.* » (*Ibid.*)

« Le but du novlangue était, non seulement de fournir un mode d'expression aux idées générales et aux habitudes mentales des dévots de l'angsoc, mais de rendre impossible tout autre mode de pensée.
Il était entendu que lorsque le novlangue serait une fois pour toutes adopté et que l'ancilangue serait oublié, une idée hérétique – c'est-à-dire une idée s'écartant des principes de l'angsoc – serait littéralement impensable, du moins dans la mesure où la pensée dépend des mots. » (Orwell, 1949 : *1984*, « - Appendice - Les Principes du Novlangue »)

Le lecteur aura probablement entendu parler de l'écrivain George Orwell et de son célèbre roman d'anticipation *1984*. Il pourra facilement consulter en ligne l'appendice présentant « Les principes du Novlangue » qui ont déjà fait l'objet de nombreux commentaires d'auteurs qui se sont penchés sur les totalitarismes du siècle précédent. Tous ont pu souligner la pertinence des analyses de G. Orwell concernant le rôle du langage dans les régimes totalitaires.

J'ai déjà évoqué la sémantique générale d'A. Korzybski et l'influence qu'elle a pu avoir pour le développement d'une pensée complexe qui peut être considéré comme l'envers de la *doublepensée* décrite par G. Orwell dans *1984*.

147

Il me reste à vous présenter succinctement Victor Klemperer dont les travaux sur la langue du IIIe Reich n'ont été accessibles au public français qu'au travers de deux œuvres. La première parue en 1996 et concerne directement son travail de philologue avec la publication de son livre *LTI, la langue du IIIe Reich* d'où sont extraites les citations ci-dessus. La seconde est la partie de son *Journal* de notes écrites au cœur même de l'Allemagne nazie et publiées en deux parties, l'une couvre la période 1933-1941 et est intitulée *Mes soldats de papier*, l'autre celle de 1942-1945, sous le titre de *Je veux témoigner jusqu'au bout*.

Plus qu'une œuvre à proprement parler, en tant que philologue, c'est-à-dire en tant que spécialiste de l'étude d'une langue et de sa littérature à partir de documents écrits, Victor Klemperer a rempli sa mission de rétablir le contenu original de textes connus par plusieurs sources en sélectionnant le texte le plus authentique possible. Autrement dit, Kemplerer s'est bornée à noter au fil des jours, sous l'Allemagne nazi, tous les détails du langage totalitaire nazi qui imprégnait son quotidien. C'est sur ce matériel que de nombreux chercheurs sur les questions du totalitarisme travaillent. Des trois auteurs principaux connus en France qui ont le plus travaillé la question du langage totalitaire que sont Hannah Harendt, Jean-Pierre Faye et Victor Klemperer, ce dernier est incontestablement celui qui a fourni le matériel le plus riche d'enseignement. Ces notes ont fait l'objet de deux importants colloques de Cerisy en 2010 et en 2018.

Le premier a été publié en 2012 sous le titre *Victor Klemperer, repenser le langage totalitaire*, Le second intitulé *Les discours meurtriers aujourd'hui* est en cours de publication.

*Argument du colloque* Victor Klemperer, repenser le langage totalitaire

« Une réflexion sur totalitarisme et discours politique évoque le philologue Victor Klemperer (1881-1960), dont la résistance face au nazisme passa par une étude minutieuse des énoncés sous ce régime. Scrupuleusement tenu jour après jour, le journal des transformations de la langue allemande alors sous influence, comme des divers symboles et cérémonials de ce régime, vint témoigner de l'attaque contre la langue, l'esprit et la culture par la propagande du IIIe Reich. La démarche de l'écrivain, linguiste, spécialiste de littérature française et italienne, est emblématique d'une entreprise interdisciplinaire.

Les communications, qui procèderont selon une approche fondée sur le dialogue entre diverses disciplines (linguistique, rhétorique, stylistique, analyse du discours, sémiologie, communication, psychanalyse, principalement), auront ainsi en commun de s'interroger sur les liens entre totalitarisme et langage dans le domaine politique, de s'intéresser au discours en tant qu'il peut manipuler, être modifié ou détourné.

Une place sera accordée au regard que nous proposent les arts intégrant le discours (littérature, théâtre, cinéma) lorsqu'ils interrogent, exposent ou dénoncent les signes d'un langage public ou politique totalitaire (*1984* de Georges Orwell). »

*Argument* Les discours meurtriers aujourd'hui

« Face aux phénomènes actuels de violence, une tendance manifeste porte à considérer les discours comme un épiphénomène, voire à en disqualifier la valeur. Poursuivant la démarche inaugurée avec le colloque *Le langage totalitaire d'hier à aujourd'hui. En hommage à Victor Klemperer* (Cerisy, 2010), l'on se proposera, à l'inverse, d'en étudier la dimension mortifère et d'interroger ce qui fonde l'efficacité

des appels au meurtre. En effet le discours n'est pas un registre séparé des actes, ni des réalités historiques, sociales, politiques, économiques et subjectives.
Pour le montrer, ce nouveau colloque abordera cette dimension proprement discursive par l'exploration de différents champs de la communication. Il appréhendera les discours djihadistes contemporains en les situant dans leurs contextes géopolitiques, compte tenu de l'impact des nouveaux médias et des idéologies, mais aussi en les envisageant parmi d'autres phénomènes de violence sociale. Les discours destructeurs seront confrontés aux entreprises qui y résistent ou en fondent la critique par l'analyse anthropologique ou communicationnelle, la création littéraire et artistique, l'approche psychanalytique. Avec Victor Klemperer comme fil rouge des discussions, la rencontre suivra la trame du "religieux" sous ses différentes formes, dans un dialogue entre des intervenants venus de plusieurs horizons culturels, géographiques et disciplinaires et toutes les personnes qui se montreront intéressées par ces phénomènes sociétaux majeurs. »

Le premier colloque s'est déroulé sous la direction de Laurence Aubry et Béatrice Turpin auxquelles est venue se joindre Gabriela Patino-Lakatos.

Dans le livre du premier colloque, L. Aubry produit une analyse d'une profondeur *vertigineuse* des notes de Victor Klemperer en utilisant le concept de *paradoxalité* de P.-C. Racamier, le découvreur de la perversion narcissique, concept aujourd'hui galvaudé par tous les magazines de presse people qui l'ont récupéré à des fins beaucoup plus sournoises que celles auxquelles il était initialement destiné. L'auteure de cette analyse a eu la finesse et l'intelligence de ne pas utiliser une seule fois le concept de « perversion narcissique » dans son article. Qu'il lui en soit rendu grâce. Cela aurait probablement eu pour effet de banaliser son travail et d'amoindrir la qualité et la portée de cet article remarquable. Un luxe dont je peux me passer, car la paradoxalité est l'un des quatre concepts majeurs de la théorie de la perversion narcissique (travail en cours de publication).

Ainsi, L. Aubry écrit :

> « La question des domaines d'application et des limites dans l'usage d'un concept soulevée par une réflexion sur le langage totalitaire se retrouve ici, dans le champ de la psychopathologie individuelle et interpersonnelle, voire groupale, comme autre lieu de l'articulation du singulier et du collectif. Le paradoxe, pour Paul-Claude Racamier, "c'est tout à la fois un fonctionnement mental, un 'régime psychique' et un mode relationnel". À ce titre, la paradoxalité "vise quelqu'un. Elle le vise et le vide avec toute-puissance [...]. Elle exerce sur l'objet une suprématie totalitaire." La métaphore, à connotation politique, inclut Racamier parmi ces psychanalystes qui postulent une continuité entre l'individuel et le collectif. Nous examinerons donc la paradoxalité de la LTI non seulement d'un point de vue logique ou argumentatif, mais du point de vue de ses ressorts et de ses effets sur le sujet, selon une perspective psychanalytique centrée sur les modalités du lien à l'objet, interne ou externe. Ainsi cet "art de la relation dans la non-relation et de la non-relation dans la relation" hérité de l'autre humain et reproduit dans le "transfert paradoxal" du schizophrène est-il à l'œuvre aussi dans la LTI comme artefact meurtrier. Inscrit dans le collectif, il n'est pas seulement mortifère ou criminel mais totalitaire, instrument et symptôme d'une idéologie attaquant toute altérité et visant un paradoxe : la destruction radicale. » (Aubry, 2012)

Cliniquement, toute la LTI tourne autour du concept de paradoxalité de P.-C. Racamier. C'est ce que souligne Laurence Aubry dans son analyse, c'est ce que précisait également ce dernier dans l'un de ses dernières conférences peu avant sa disparition : « Le noyau sous Hitler ne s'est manifesté au grand jour qu'à partir du moment où il avait acquis une certaine force motrice personnelle qui lui permettait d'émerger, de faire surface. C'est le principe des sous-marins. »

Superbe image !

Or, cette force motrice personnelle qui va permettre au sous-marin de passer sous le seuil des radars, prenant tout le temps qu'il lui faut pour acquérir suffisamment de puissance pour émerger, se dévoile au travers du langage par un certain type de paradoxes cliniques pathogènes que l'on peut repérer grâce à l'analyse de la paradoxalité. À condition toutefois d'y avoir été formé comme en témoigne à ses dépens M. Sanguet, victime de lette paradoxalité (*cf. supra*).

Le langage est donc tous sauf un détail anodin. Comme y insiste Victor Klemperer : « Le style, c'est l'homme » ; « *"Langue qui poétise et pense à ta place…" Poison que tu bois sans le savoir et qui fait son effet – on ne le signalera jamais assez.* » On ne le signalera jamais assez… on ne le signalera jamais assez… on ne le signalera jamais assez…

Racamier analyse la montée du noyau pervers (narcissique) sous l'Allemagne d'Hitler :

> « Alors naturellement, le noyau va se servir hautement de la disqualification. Il va mettre en œuvre deux mécanismes que nous connaissons très bien, nous psychanalystes, qui sont le déni et le clivage. Nous les connaissons dans des organisations individuelles souffrantes, en particulier psychotiques. Ici ce n'est pas de psychose qu'il s'agit sauf chez les victimes éventuelles, il s'agit d'une mise en œuvre du déni, déni de la valeur, de l'autonomie d'autrui, déni de toutes vérités ; ce sont des dénis fragmentaires mais très puissants. Clivage, il s'agit de couper les communications entre les personnes qui travaillent dans l'institution. Il s'agit de diviser l'institution ou les personnes en deux camps : ceux qui sont pour et ceux contre ; ceux qui sont contre et ceux qui ne sont pas pour sont mis en marche. Il y a donc un processus d'agrégation par le

noyau et un processus de rejet de tout ce qui n'est pas en état de complicité car par rapport au noyautage pervers, ou bien vous êtes complice ou bien vous êtes rejeté, il n'y a pas de compromis possible, il n'y a pas d'intermédiaire possible. C'est l'un ou l'autre. » (Racamier, 1995)

Cet extrait se passe de commentaires. Il est suffisamment explicite pour se suffire à lui-même. Des exemples abondant de ce genre de discours clivants nous sont fournis par nos politiques : « Ou vous êtes avec nous, ou vous êtes contre nous » est le slogan minimaliste de tous les va-t-en-guerre de tous partis et de tous horizons politiques. Il vise à imposer un choix binaire aux interlocuteurs à qui il s'adresse qui dès lors deviennent soit des alliés, soit des ennemis.

Comme nous l'ont enseigné les analyses d'Hannah Arendt dans La banalité du mal : « *L'être humain ne doit jamais cesser de penser. C'est le seul rempart contre la barbarie. Action et parole sont les deux vecteurs de la liberté. S'il cesse de penser, chaque être humain peut agir en barbare.* » Or, c'est le propre de la paradoxalité que de produire un vide de pensée comparable à une embolie psychique… d'où la faillite de la pensée critique.

Nous avons donc tout à perdre à confondre la pensée critique avec la critique comme nous le faisons actuellement sous une forme de « banalisation du mal » (plutôt que « banalité du mal ») dont nous faisons les frais.

Retenons donc quelques règles et principes de la pensée critique pour lutter contre cette absence de pensée telle qu'elle se développe de nos jours au travers de la critique et de la paradoxalité.

## Règles et principes de la pensée critique

Après avoir fait un détour sur l'importance du langage dans le raisonnement et la pensée critique et après avoir examiné séparément ce qu'était la pensée et la critique. Il nous reste à définir la *pensée critique* et l'*esprit critique* (et non pas l'esprit *à la* critique au sens péjoratif du terme).

*La pensée critique*

La notion de pensée critique est « souvent associée à une pensée bien développée, efficace, réfléchie et rationnelle. Il existe de nombreuses définitions de ce concept, mais *toutes convergent vers l'idée d'une pensée parvenue à une très grande rigueur intellectuelle*[51]. » Par mesure de commodité, je vous propose la définition suivante extraite de l'ouvrage *Critical thinking: Its definition and assessment* (1997) d'Alec Fisher et Michael Scriven :

> « La pensée critique est le processus intellectuel conscient qui consiste, de manière active et efficace, à conceptualiser, appliquer, analyser, synthétiser et/ou évaluer les données collectées ou engendrées par l'observation, l'expérience, la réflexion, le raisonnement, ou la communication, afin de se guider dans ses convictions et ses actions. »

La pensée critique est une activité principalement rationnelle, basée sur le questionnement et la remise en cause des préjugés et des opinions « toutes faites ». Elle est utilisée en philosophie et en pédagogie pour désigner une attitude critique vis-à-vis de toute affirmation ou information ainsi que la capacité intellectuelle qui permet de raisonner correctement, de tirer des conclusions qui ne soient pas prématurées, mais réfléchies et étayées par des arguments. Elle nécessite donc l'exercice de la raison et la maîtrise du langage, de l'argumentation et de la conceptualisation. Elle aide à faire face aux théories simplificatrices, conspirationnistes, manichéennes, obscurantistes, etc., qui peuvent facilement séduire et piéger de nombreuses personnes. Elle apporte une autonomie intellectuelle et une aptitude à prendre des décisions qui ne soient pas entachées de biais cognitifs. D'après Jacques Boisvert, il importe d'effectuer une distinction entre pensée critique et esprit critique :

*L'esprit critique*

> « L'esprit critique, ou attitude critique, représente le deuxième élément de la pensée critique. Pour que l'élève soit un penseur critique, [il] n'est pas suffisant (même si c'est nécessaire) que celui-ci maîtrise l'évaluation des raisons. La personne doit en effet manifester un certain nombre d'attitudes, de dispositions, d'habitudes de pensée et de traits de caractère que l'on peut regrouper sous l'étiquette "attitude critique" ou "esprit critique". De façon générale, cela signifie que le penseur critique doit non seulement être capable d'évaluer des raisons adéquatement, mais qu'il doit aussi avoir tendance à le faire, y être disposé[52]. »

Ainsi, l'esprit critique dépend d'attitudes, de dispositions d'esprit, d'habitudes de pensée et de traits de caractère alors que la pensée critique nécessite toutes ces facultés auxquelles s'ajoute la maîtrise des outils de l'analyse critique. Une personne possédant un esprit critique présente les caractéristiques principales d'un penseur dit efficace.

Selon Glatthorn et Baron (1985), une telle personne se distingue des autres par les traits suivants :

. Elle s'ouvre aux situations problématiques et tolère l'ambiguïté.

. Elle recourt à l'autocritique, considère les possibilités différentes qui s'offrent à elle et recherche des preuves corroborant les deux aspects contraires d'une situation.

.   Elle réfléchit, délibère, et fait une recherche poussée, lorsque c'est nécessaire.

.   Elle accorde de la valeur à la rationalité et elle a foi en l'efficacité de la pensée.

.   Elle définit ses buts de façon approfondie, quitte à les réviser, au besoin.

.   Elle apporte des preuves mettant en cause les choix effectués par la plupart des individus[53].

À ces traits de caractère, il faudrait rajouter une liste de 12 capacités et 14 attitudes propres à la pensée critique qui ont été identifiées par Ennis (1987) :

*Les capacités propres à la pensée critique*

1.  La concentration sur une question.
2.  L'analyse des arguments.
3.  La formulation et la résolution de questions de clarification ou de contestation.
4.  L'évaluation de la crédibilité d'une source.
5.  L'observation et l'appréciation de rapports d'observation.
6.  L'élaboration et l'appréciation de déductions.
7.  L'élaboration et l'appréciation d'inductions.
8.  La formulation et l'appréciation de jugements de valeur.
9.  La définition de termes et l'évaluation de définitions.
10. La reconnaissance de présupposés.
11. Le respect des étapes du processus de décision d'une action.
12. L'interaction avec les autres personnes (par exemple, la présentation d'une argumentation à d'autres personnes, oralement ou par écrit).

*Les attitudes caractéristiques de la pensée critique*

1.  Le souci d'énoncer clairement le problème ou la position.
2.  La tendance à rechercher les raisons des phénomènes.

3. La propension à fournir un effort constant pour être bien informé.
4. L'utilisation de sources crédibles et la mention de celles-ci.
5. La prise en compte de la situation globale.
6. Le maintien de l'attention sur le sujet principal.
7. Le souci de garder à l'esprit la préoccupation initiale.
8. L'examen des différentes perspectives offertes.
9. L'expression d'une ouverture d'esprit.
10. La tendance à adopter une position (et à la modifier) quand les faits le justifient ou qu'on a des raisons suffisantes de le faire.
11. La recherche de précisions dans la mesure où le sujet le permet.
12. L'adoption d'une démarche ordonnée lorsqu'on traite des parties d'un ensemble complexe.
13. La tendance à mettre en application des capacités de la pensée critique.
14. La prise en considération des sentiments des autres, de leur niveau de connaissance et de leur degré de maturité intellectuelle.

Nous le voyons bien à la lecture de ces explications, l'exercice de la pensée critique est un art qui demande un certain entraînement et une grande maîtrise. C'est aussi une démarche qui nécessite une actualisation constante et un effort continu, car l'analyse critique exige un engagement sérieux de la part de celles et ceux qui souhaitent s'y aventurer. Par exemple, quelqu'un qui se permet de produire une critique sans prendre toutes les précautions qui s'imposent pour acquérir une bonne connaissance de l'objet de sa critique ne peut en tout état de cause que fournir une critique au sens péjoratif du terme qui renseigne davantage sur les tendances caractérielles du criti-queur plutôt que sur le sujet soumis à la critique. Si ce n'est de jeter l'anathème, de disqualifier, dénigrer, colporter des rumeurs, désinformer, etc., soit l'exact contraire de ce que devrait être une pensée critique correctement mise en œuvre, cela n'éclaircit en rien le sujet mis au débat.

Il existe de multiples obstacles au développement d'une pensée critique visant à une très grande rigueur intellectuelle nécessitant l'étude et l'évaluation d'une idée, d'un concept, d'une théorie, d'une situation, etc. Toutefois, il en est un qui nous affecte plus particulièrement que les autres. C'est celui qui a rapport au « discernement » contenu dans la définition du mot *critique*, pris en son sens usuel et non péjoratif. Le discernement est l'action préalable permettant de discerner, c'est-à-dire « séparer, mettre à part des personnes ou des choses *confondues* », les mérites et les défauts, les qualités et les imperfections de quelqu'un, de quelque chose ou d'une situation afin de juger, d'examiner ou d'évaluer la personne ou l'objet en question *à sa juste valeur*.

Le discernement est un acte de *dé-confusionnement*. Tant et si bien que l'absence de discernement impose l'arrêt de la pensée critique. En effet, cette action de séparer des choses confondues est nécessaire à la réalisation du jugement et les expertises judiciaires sont là pour en témoigner. Lorsqu'un crime est commis, le juge d'instruction rassemble les preuves afin de vérifier si l'infraction est réellement constituée. Durant la première phase d'enquête, il instruit à *charge* et à *décharge*. C'est-à-dire qu'il recherche, *tout à la fois*, des éléments de preuves d'innocence et de culpabilité de la personne mise en cause. Pour se faire, il fait alors appel à un expert judiciaire qui doit obligatoirement rédiger son rapport dans le même état d'esprit et répondre à plusieurs questions qui permettront de déterminer les critères du discernement du criminel pendant son passage à l'acte. Dans le cas où le discernement du sujet a été aboli ou altéré d'une quelconque manière, le jugement en tiendra compte en évaluant la responsabilité du mis en cause eu égard à son discernement.

Ne pas discerner revient à générer fréquemment des dissonances interthéoriques et des dissonances infrathéoriques. Soit le résultat contraire à celui que nous recherchons à obtenir en faisant usage de pensée critique.

Il résulte de ses considérations que le discernement est indissociable à l'exercice et au développement d'une pensée critique répondant aux exigences d'une grande rigueur intellectuelle. Or, il est extrêmement facile d'altérer le discernement de quelqu'un. Pire encore… il existe des professionnels qui sont très grassement payés pour le faire. Leur tâche consiste à manipuler l'opinion publique : publicitaires, relations publiques, *spin doctors*, etc. Ces professions (et non pas ces professionnels, mais l'un peut-il aller sans l'autre ?, surtout lorsque l'on sait que « le style, c'est l'homme ») sont marquées du sceau de leur père fondateur, à savoir Edward Bernays. J'ai beaucoup travaillé l'histoire familiale de Freud, et donc également celle de son double-neveu E. Bernays et je peux vous dire que ce neveu que Freud n'aimait guère était un manipulateur hors pair, d'un cynisme et d'un machiavélisme rarement égalés et en tant que personnalité très paradoxale, car telles sont les personnalités qui restent prisonnières de la « position narcissique paradoxale[54] », s'il a été « horrifié » d'apprendre que Joseph Goebbels avait son livre *Christallizing Public Opinion* dans sa bibliothèque personnelle, il en avait tout aussi sûrement ressenti une extrême fierté. « Ce que nous ne comprenons pas, nous ne le croyons pas, mais cela ne veut pas dire que ça n'existe pas » pourrait être la morale de cet exemple.

Alors, si de très nombreux professionnels s'activent hardiment à la tâche de nous faire perdre notre sens du discernement, en corrompant de facto la pratique de la pensée critique pour la remplacer par la critique, comme nous pouvons tous le constater désormais, que pensez-vous donc qu'il soit en train de se produire ?

Je répète le constat qu'en tire E. Morin : « *quand sombrent l'humanisme et la vertu critique, il y a déchaînement d'une force implacable d'ordre et d'homogénéisation.* » (Morin, 1982)

La manipulation représentant le principal outil des *spin doctors*. Étudions-en quelques conséquences.

## Le mal du siècle : la manipulation

J'ai déjà écrit un précédent ouvrage[55] initialement publié en 2011 sous le titre *Le mal du siècle : la manipulation*, qui, dans le même esprit que celui-ci, traite du sujet de la manipulation.

Je me contenterais donc ici de ne reproduire que la préface de cet ouvrage :

> « La manipulation comme système de représentation péjoratif de la ruse est fille de la modernité politique. Elle en est l'un des repoussoirs[56] », nous informe Fabrice d'Almeida dans son ouvrage de synthèse sur l'emploi du mot manipulation au fil des époques.
>
> La prolifération et la généralisation des moyens de communication, regroupés sous les acronymes TIC et NTIC, ont aussi accru l'usage de la manipulation de façon exponentielle… jusqu'à écœurement.
>
> De nos jours, nous retrouvons des techniques de manipulation de plus en plus élaborées dans toutes les affaires auxquelles sont mêlés les "puissants" de ce monde : abus de pouvoir, conflit d'intérêts, corruption, criminalité en col blanc, etc. Mais ce n'est pas le seul domaine où la manipulation prolifère. Elle est aussi au cœur des relations toxiques, celles que l'on retrouve souvent lors de situations où le harcèlement moral tient lieu de rapports de domination entre les membres d'une famille, d'un groupe, d'une entreprise ou d'une institution.

Le harcèlement moral est l'expression choisie par Marie-France Hirigoyen en 1998, dans son livre *Le harcèlement moral – La violence perverse au quotidien*, pour traduire le terme de "mobbing" utilisé par Heinz Leymann, pionner dans l'étude de ce phénomène, lors de la parution de ses travaux en 1993[57].

Dans son ouvrage, Marie-France Hirigoyen lie le harcèlement moral à une figure paradigmatique de la manipulation dont une certaine presse s'est emparée comme d'un nouveau marronnier[58] : le pervers narcissique ; également désigné par l'expression redondante de « pervers narcissique manipulateur » tant la manipulation est pour ce personnage un mode « naturel » d'interactions avec son entourage.

C'est pourquoi la manipulation est souvent associée au harcèlement moral et au pervers narcissique dans le champ de nos représentations sociales ce qui ne manque pas de générer de nombreuses confusions à l'origine de conflits dont justement les perversions narcissiques se nourrissent.

Cependant, tout le monde fait plus ou moins usage de manipulation à l'égard d'autrui tant et si bien que quelques auteurs n'hésitent pas à la plébisciter en certaines occasions là où d'autres conseilleraient plutôt de la réprimer. Les premiers justifient leur position du fait que nous manipulons tous, mais éludent les effets nocifs de certaines manipulations, et les seconds combattent les premiers en exposant les conséquences dévastatrices de la manipulation tout en négligeant les usages positifs qu'elle peut parfois revêtir.

Dès lors, comment parler de la manipulation et en parler bien sans tomber dans le piège d'une vision manichéenne de ce phénomène social qui prend de plus en plus de place dans l'espace public ?

Face à ces dissensions qui ne sont à mes yeux qu'un problème de langage et de compréhension mutuelle, il m'est apparu nécessaire de tenter de clarifier un peu ces quelques concepts qui, bien qu'ayant des accointances très proches les unes des autres, ne peuvent toutefois pas être amalgamés en toutes circonstances, car si un pervers narcissique est forcément manipulateur, tous les manipulateurs ne sont pas pervers narcissiques. De même que pour qu'un harcèlement s'installe dans une relation, il y faut des circonstances particulières qui ne sont pas toujours, et pas toutes, imputables à un pervers narcissique.

Cet ouvrage qui se veut avant tout didactique traite principalement des différents aspects de la manipulation, de ses grands principes et des ressorts psychologiques sur lesquels elle agit. D'expérience il s'avère que pour se libérer d'un problème il faut d'abord en avoir pris conscience, car « ce qui est demeuré incompris fait retour ; telle une âme en peine il n'a pas de repos jusqu'à ce que soit trouvées solution et délivrance[59]. »

Or, la manipulation est la porte d'entrée du harcèlement moral et le mode privilégié de relation à autrui dans la perversion narcissique. Il convient donc de la comprendre pour s'en déprendre et de savoir la prévenir pour mieux s'en prémunir. Il en résulte qu'apprendre à la désamorcer peut nous simplifier considérablement l'existence en nous évitant de vivre une situation de harcèlement, dont nous ne sommes jamais sûrs de l'issue, ou d'être la proie d'un prédateur moral tel que le pervers narcissique.

Bien que la manipulation soit à l'image d'un Janus à deux visages, ce que nous apprendrons à différencier au chapitre V portant sur les différents niveaux de manipulation, ces écrits portent essentiellement sur la partie de la manipulation que certains auteurs qualifient de destructrice, car *savoir la reconnaître et l'identifier permet tout simplement de sauver des vies.* » (Vergnes, 2011)

Dans cet essai sans prétention écrit le plus clairement possible, car s'adressant en priorité à des personnes ayant subi un décervelage, je décris les grands principes de base de toutes manipulations et donne quelques conseils de repérage sur les différents types de manipulation et leur toxicité respective.

Toutefois, concernant la manipulation destructrice, la plus toxique de toute, il est nécessaire de savoir que, comme le dénonce Philippe Breton dans son livre *La parole manipulée* qui a reçu en 1998 le prix de philosophie morale de l'Académie des sciences morales et politiques :

> « La parole manipulée est une violence : d'abord envers celui sur lequel elle s'exerce, ensuite sur la parole elle-même en tant qu'elle constitue le pilier central de notre démocratie. »

Mais surtout :

> « [...] l'emploi des techniques de manipulation de la parole a, en lui-même, un effet sur le lien social et sur la nature de notre démocratie, indépendamment des valeurs ou des causes que ces méthodes servent à promouvoir[60]. »

Ce qui signifie que la désagrégation du lien social que nous pouvons tous aujourd'hui constater trouve son origine dans l'usage excessif que nous faisons de la manipulation dans notre société de consommation dite d'abondance. Nous payons aujourd'hui notre retard sur la compréhension de ce grave problème, car depuis plus d'un siècle que cette situation perdure sans que nous y réagissions à la hauteur de la violence que la manipulation opère, nous ne devrions même pas être surpris de l'état de délitement et de démembrement observé dans notre société aujourd'hui.

De tout temps, au moins depuis la naissance des premières civilisations, les hommes ont eu à lutter contre les manipulations et leurs dangers tels Aristote s'opposant aux Sophistes. Tel encore Érasme s'opposant à Luther contre la réforme du protestantisme. Un épisode de notre histoire superbement contée par Stephan Zweig dans son livre *Conscience contre violence* qu'il conclut ainsi :

> « Les droits de l'homme paraissent sceller dans les fondements de l'État ce qu'il y a de plus intangible, de plus sacrés

dans une Constitution. Nous croyons déjà disparu à jamais le temps du despotisme spirituel, de la contrainte des idées, de la tyrannie religieuse et de la censure des opinions ; nous pensions que le droit de l'individu à l'indépendance morale était aussi absolu que celui de disposer de son corps. Mais l'histoire n'est qu'un perpétuel recommencement, une suite de victoires et de défaites ; un droit n'est jamais conquis définitivement ni aucune liberté à l'abri de la violence, qui prend chaque fois une forme différente. L'humanité se verra contester chacun de ses progrès, et à l'évidence, sera de nouveau mise en doute. C'est justement au moment où la liberté nous fait l'effet d'une habitude et non plus d'un bien sacré qu'une volonté mystérieuse surgit des ténèbres de l'instinct pour la violenter ; c'est toujours lorsque les hommes jouissent trop longtemps et avec trop d'insouciance de la paix qu'ils sont pris de la funeste envie de connaître la griserie de la force et du désir criminel de se battre. Car, dans sa marche vers son but invisible, l'histoire nous oblige de temps en temps à d'incompréhensibles reculs, et les forteresses héréditaires du droit s'écroulent comme les jetées et les digues les plus solides pendant une tempête ; en ces sinistres heures, l'humanité semble retourner à la fureur sanglante de la horde et à la passivité servile du troupeau. Mais après la marée, les flots se retirent ; les despotismes vieillissent vite et meurent non moins vite ; les idéologies et leurs victoires passagères prennent fin avec leur époque : seule l'idée de liberté spirituelle, idée suprême que rien ne peut détruire, remonte toujours à la surface parce qu'éternelle comme l'esprit. Si on la traque momentanément elle se réfugie au plus profond de la conscience, à l'abri de l'oppression. C'est en vain que l'autorité pense avoir vaincu la pensée libre parce qu'elle l'a enchainée. Avec chaque individu nouveau naît une conscience nouvelle, et il y en aura toujours une pour se souvenir de son devoir moral et reprendre la lutte en faveur des droits inaliénables de l'homme et de l'humanité… »

Curieux hasard, ses propos ont été écrits en avril 1936. La même année de l'appel du philosophe Emmanuel Mounier (cité *supra* au sous chapitre « L'autodestruction de la raison »).

Dans ce livre, S. Zweig, grand ami de Freud, nous donne quelques conseils avisés pour reconnaitre ces personnalités qui remettent en doute nos droits et libertés, font preuve de despotisme spirituel, contraignent les idées, exercent une forme de tyrannie religieuse et de censure des opinions :

> « Depuis le commencement, tout le mal est venu des doctrinaires qui veulent que leur système soit le seul, l'unique. Ce sont ces sectaires de la pensée et de l'action qui perturbent la paix universelle et qui, par leur tyrannie, transforment la juxtaposition naturelle des idées en opposition et en discorde meurtrière. »

> « La première pensée qui vient à l'esprit d'un caractère despotique est toujours de museler, d'étouffer, de détruire toute opinion opposée à la sienne. »

> « Ce sont toujours ceux qui se font le moins de scrupules à violenter les croyances des autres qui sont les plus sensibles à toute contradiction. »

> « Les doctrinaires s'adressent toujours aux autres comme à des écoliers et à des esclaves ; l'homme vraiment humain parle comme un frère à son frère, comme un homme à un autre homme. »

> « Il faut toujours un certain temps avant qu'un peuple remarque que les avantages momentanés d'une dictature, que sa discipline plus stricte et sa vigueur renforcée, sont payés par le sacrifice des droits de l'individu et que, inévitablement, chaque nouvelle loi coûte une veille liberté. »

Mais le plus important conseil de sagesse que nous puissions retenir de S. Zweig, est de comprendre que « *puisque la violence réapparaît à chaque époque sous de nouvelles formes, il faut constamment reprendre la lutte contre elle.* »

Or, la forme que prend cette violence aujourd'hui s'appelle *la manipulation* et il importe que de plus en plus de personnes reprennent la lutte contre elle. Sachant que dans la théorie de la perversion narcissique, la manipulation y est analysée comme une défense dite de « survivance », faut-il s'étonner du phénomène de « mode » qui entoure cette expression ?

En d'autres termes, la mode du recours à l'expression « manipulateur pervers narcissique » ou MPN telle qu'on en retrouve l'usage sur de nombreux forums nous en dit bien plus sur l'état actuel de notre société que ce que nous pourrions le supposer de premier abord sans entrer dans les détails de cette théorie.

---

[36] Lire l'article en entier pour les détails techniques de ce rabibochage d'école indigne de ce que l'on est en droit d'attendre d'un manuel tel que le DSM-5.

[37] **Spurk**, Jan (2013), « Le consentement fatal : pouvoir et domination aujourd'hui », *SociologieS* [En ligne], Dossiers, Nouveaux rapports de pouvoir et formes actuelles de domination, mis en ligne le 20 février 2013. Consulté le 25 novembre 2019. URL : http://journals.openedition.org/sociologies/4248. (C'est moi qui souligne.)

[38] Lire à ce propos les nombreux ouvrages, études et thèses édités par les membres du laboratoire de sociologie clinique à l'Université de Paris-Diderot créé par Vincent de Gaulejac (*cf.* Biographie).

[39] Pour le détail de ces études et les références académiques, *cf.* travail en cours de publication. Pour les plus pressés, consulter le reportage *Guérir autrement pour sortir de la dépression* diffusé en 2007 sur France 2 dont vous pourrez trouver la vidéo en ligne sur la plateforme YouTube au lien suivant. Consulté le 25 novembre 2019. URL : https://www.youtube.com/watch?v=3GNGjljGqV4

Ce documentaire a été filmé avec la participation du regretté David Servan-Schreiber et est une adaptation de son livre :
**Servan-Schreiber**, David (2003), *Guérir*, Paris : Robert-Laffont, 301 p.

[40] **Capgras**, Joseph et **Sérieux**, Paul (1909), *Les folies raisonnantes*, Paris : Alcan, 392 p.

[41] **Mijolla-Mellor**, Sophie de (2007), *La paranoïa*, Paris : PUF, col. Que sais-je ?, 128 p. (pp. 12-13)

[42] **Racamier**, Paul-Claude (1990), « La paranoïa revisitée », in *Perspective psychiatriques*, n° 21, pp. 8-21.

[43] **Bilheran**, Ariane (2019), *Psychopathologie de la paranoïa* (2e édition), Paris : Dunod, 24 p.

[44] **Hurni**, Maurice, « Perversion narcissique : commentaire », sur le site de *l'APAOR*. Consulté le 25 novembre 2019. URL : https://www.autourderacamier.com/concepts/#perversionnarcissique

[45] **Eiguer,** Alberto (1989), *Le pervers narcissique et son complice*, Paris : Dunod, 186 p.

[46] **Pirlot**, Gérard et **Pedinielli**, Jean-Louis (2013), *Les perversions sexuelles et narcissiques* (3e édition), Paris : Armand Colin, 128 p.

[47] La *sidération* est un concept de psychotraumatologie qui désigne « l'état de stupeur émotive dans lequel le sujet, figé, inerte, donne l'impression d'une perte de connaissance ou réalise un aspect catatonique par son importante rigidité, voire pseudo-parkinsonien du fait des tremblements associés. »
L'image mythique de la sidération est la vue de Méduse dont le regard pétrifie quiconque ose la regarder dans les yeux. C'est cette image qu'utilise le plus souvent Racamier pour parler des effets des paradoxes cliniques pathogènes qu'il a repérés dans certains types de paroles à propos de la perversion narcissique. Au niveau psychique, la sidération symbolise un « blanc de pensée », soit une absence totale de pensée caractérisée par la suspension du fonctionnement cérébral.

[48] Cette expression qui n'est pas nouvelle, mais dont l'importance a été soulignée par son introduction en 2016 au célébrissime Dictionnaire Oxford, signifie : « relatif aux circonstances dans lesquelles les faits objectifs ont moins d'influence sur la formation de l'opinion que l'appel aux émotions et aux croyances personnelles ». Dans un article en ligne du journal *Le Monde*, il est précisé que : « Dans l'ère de l'information post-vérité, aussi appelée "post-faits", la vérité n'est plus toujours la valeur de base. Les faits ne sont plus fondamentaux. Les personnalités publiques peuvent désormais annoncer des fausses nouvelles en toute connaissance de cause, sans le moindre égard pour la vérité – et en tirer bénéfice. » Mais ce pouvoir est aussi accessible à quiconque utilise Internet et les réseaux sociaux équilibrant quelque peu celui alléguré aux personnalités publiques. Si

comme le précise Le Monde : « Le défi majeur que la société post-vérité constitue, en fin de compte, est celui de la crédibilité de l'information, qui est au cœur du fonctionnement démocratique », il ne faut surtout pas perdre de vue que : « La notion de post-vérité est beaucoup trop floue pour servir de concept, parce qu'elle renvoie à des manifestations très diverses des pathologies qui peuvent affecter la révélation de la vérité scientifique et que l'agnotologie [la science de l'ignorance], production délibérée du mensonge, couvre des cas trop nombreux et trop hétérogènes » (Paul Jorion, anthropologue et essayiste). Ainsi, le respect de la vérité ne peut en aucun cas être laissé aux mains de nos seules « personnalités publiques » et dans une véritable démocratie, cette exigence devrait être celle de tout un chacun, car elle est la meilleure garante contre les dictatures en germes dans toutes sociétés. Cependant, une telle exigence ne peut être acquise en l'absence de pensée critique.

[49] À une époque de post-vérité, ce n'est pas par hasard que j'ai inséré ici la problématique du respect que le CNRTL définit ainsi : « Sentiment qui incite à traiter quelqu'un avec égards, considération, en raison de son âge, de sa position sociale, de sa valeur ou de son mérite. »

[50] **Deleuze**, Gilles (1969), _Logique du sens_, Paris : éditions de Minuit, 391 p.
« Toute perversion est un autruicide, un altrucide, donc un meurtre des possibles. Mais l'altrucide n'est pas commis par le comportement pervers, il est supposé dans la structure perverse. »

[51] **Boisvert**, Jacques (2015), « Pensée critique : définition, illustration et application », dans _Revue québécoise de psychologie_ n°36, pp. 3-33.

[52] **Boisvert**, Jacques (1999), _La formation de la pensée critique : théorie et pratique_, Bruxelles : De Bœck, 152 p.

[53] **Boisvert**, Jacques (2015), _op. cit._

[54] La « position narcissique paradoxale » est un concept clef des apports de mon formateur et superviseur le Dr Jean-Pierre Caillot avec qui j'entretiens des échanges fructueux et passionnant sur ces questions-là.

[55] **Vergnes**, Philippe (2019), _Manipulation et perversion narcissique : comprendre, agir, s'en prémunir_, (3e édition), Independently published, 123 p.

[56] **Almeida**, Fabrice d'(2005), _La manipulation_, Paris : PUF (coll. _Que sais-je ?_), 128 p. (p. 23).

[57] L'ouvrage a été traduit en français en 1996 sous le titre : _La persécution au travail_, édition du Seuil.

[58] Le terme marronnier est une expression journalistique qui désigne « un article ou un reportage d'information de faible importance meublant une période creuse, consacré à un événement récurrent et prévisible ». (Source Wikipédia).

[59] **Freud**, Sigmund (2001), « Le petit Hanz », dans *Cinq leçons sur la psychanalyse*, Paris : Payot, 700 p.
[60] **Breton**, Philippe (1998), *La parole manipulée*, Paris : La Découverte, 220 p.

# — **Chapitre VII** —

*Le poids des mots et l'importance de la parole juste*

> « En œuvrant sur les mots, on découvre les idées ; l'attention à la parole, par le souci d'éviter les équivoques et les à-peu-près du langage courant, est attention au réel et à soi-même. Le souci de l'expression juste se relie au souci de l'être juste : justesse et justice sont deux vertus apparentées. » (Gusdorf, 1952)

Nous avons commencé cet essai en évoquant un auteur qui a particulièrement traité le problème des mots et de la parole juste… et lorsque j'écris « particulièrement », cela inclut également le fait qu'il l'a fait avec une perspicacité toute particulière, car sa méthode produit des résultats remarquables lorsqu'on la traduit en termes de pensée critique qui ne peut s'exprimer que sous la forme d'une pensée complexe (*cf.* E. Morin) ou intégrale (*cf.* K. Wilber). Ce n'est donc que juste retour des choses, *feed-back* oblige, que de faire un retour aux sources non sans avoir au préalable rappelé la place des mots et de la parole tout au long de l'histoire humaine en commençant tout simplement par le second récit de la genèse :

« 2-4 Lorsque le Seigneur Dieu fit une terre et des cieux, -5 aucun arbuste des champs n'était encore sur la terre, et aucune herbe des champs ne germait encore : car le Seigneur Dieu n'avait pas fait pleuvoir sur la terre, et il n'y avait point d'homme pour cultiver le sol. -6 Mais une vapeur s'éleva de la terre, et arrosa toute la surface du sol. -7 le Seigneur Dieu forma l'homme de la poussière de la terre, il souffla dans ses narines un souffle de vie et l'homme devint un être vivant. -8 Puis le Seigneur Dieu planta un jardin en Éden, du côté de l'orient, et il y mit l'homme qu'il avait formé. -9 le Seigneur Dieu fit pousser du sol des arbres de toute espèce, agréables à voir et bons à manger, et l'arbre de la vie au milieu du jardin, et l'arbre de la connaissance du bien et du mal. -10 Un fleuve sortait d'Éden pour arroser le jardin, et de là il se divisait en quatre bras. -11 Le nom du premier est Pischon ; c'est celui qui entoure tout le pays de Havila, où se trouve l'or. -12 L'or de ce pays est pur ; on y trouve aussi le bdellium et la pierre d'onyx. -13 Le nom du second fleuve est Guihon ; c'est celui qui entoure tout le pays de Cusch. -14 Le nom du troisième est Tigre ; c'est celui qui coule à l'orient de l'Assyrie. Le quatrième fleuve, c'est l'Euphrate. -15 le Seigneur Dieu prit l'homme, et le plaça dans le jardin d'Éden pour le cultiver et pour le garder. -16 le Seigneur Dieu donna cet ordre à l'homme : Tu pourras manger de tous les arbres du jardin ; -17 mais tu ne mangeras pas de l'arbre de la connaissance du bien et du mal, car le jour où tu en mangeras, tu mourras. -18 le Seigneur Dieu dit : Il n'est pas bon que l'homme soit seul ; je lui ferai une aide semblable à lui. -19 le Seigneur Dieu forma de la terre tous les animaux des champs et tous les oiseaux du ciel, et il les fit venir vers l'homme, pour voir comment il les appellerait, et afin que tout être vivant portât le nom que lui donnerait l'homme. 20 Et l'homme donna des noms à tout le bétail, aux oiseaux du ciel et à tous les animaux des champs ; mais, pour l'homme, il ne trouva point d'aide semblable à lui. Etc. »

Ainsi les passages 2-19 et 2-20 porte sur ce qui, dans le second récit de la genèse, différencie l'homme de l'animal : c'est à l'homme que revient la charge de nommer « tous les animaux des champs et tous les oiseaux du ciel » parce que Dieu veut « voir comment il les appellerait ». Inutile de spéculer ou d'inférer de quelconques réponses aux innombrables questions que soulève cet acte. Notons simplement les faits du récit : Dieu veut « voir » comment l'homme nomme les créatures qu'il a créées.

La question que je pose ici au-delà de celles que suscite une telle charge, c'est justement de savoir ce que nous faisons d'une telle responsabilité ? Ou plutôt, comment nous acquittons-nous d'une telle responsabilité ?

Dans son essai sur *La parole* paru en 1952, George Gusdorf raconte l'anecdote confucéenne suivante :

> « Une doctrine attribuée à Confucius énonce que "le bon ordre dépend entièrement de la correction du langage". Si le langage va de travers, l'univers risque de se trouver en déséquilibre. "Si les désignations ne sont pas correctes, explique Confucius, les paroles ne peuvent être conformes ; si les paroles ne sont point conformes, les affaires d'État n'ont aucun succès ; si les affaires n'ont aucun succès, ni les rites, ni la musique en fleurissent [...] ; les punitions et les châtiments ne peuvent toucher juste, le peuple ne sait comment agir. Aussi le sage, quand il attribue des désignations, fait-il toujours en sorte que les paroles puissent s'y conformer et, quand il les emploie, fait-il aussi en sorte qu'elles se réalisent en action. »

Par ses propres recherches, le lecteur pourra facilement trouver la citation suivante du Dalaï-Lama qui fait écho aux propos de Confucius :

Prends soin de tes *pensées*, elles deviendront des *mots*
Prends soin de tes *mots*, ils deviendront des *actions*,
Prends soin de tes *actions*, elles deviendront des *habitudes*,

Prends soin de tes *habitudes*, elles deviendront *ton carac-
tère*,
Prends soin de *ton caractère*, il deviendra *ton destin*,
*Et ton destin sera ta vie.*

Être heureux n'est pas une affaire de destin,
C'est une affaire d'options et de choix.

Nous pouvons dire qu'entre Dieu, Platon, Aristote, Confucius, le Dalaï-Lama, Alfred Korzybski, Victor Klemperer, etc.
et tant d'autres penseurs et philosophes, tous s'accordent à
dire que le poids des mots et la parole juste sont des valeurs
absolues irréductibles de la condition humaine. Voyez-vous
où je veux en venir concernant ceux qui, s'arrogeant le droit
de jouer à leur guise avec le sens des mots pour le seul plaisir
de semer le trouble et jeter la discorde dans l'esprit des gens,
prétendent vouloir faire œuvre utile pour l'humanité entière ?

G. Gusdorf rappelle :

> « L'homme est un animal qui parle : cette définition, après
> tant d'autres, est peut-être la plus décisive. Elle recouvre et
> absorbe les définitions traditionnelles, par le rire ou par la
> sociabilité. Car le rire de l'homme affirme un langage de soi
> à soi, et de soi aux autres. De même, dire que l'homme est
> animal politique, alors qu'il existe des animaux sociaux,
> c'est signifier que les rapports humains s'appuient sur le lan-
> gage. La parole n'intervient pas pour faciliter ces rapports :
> elle les constitue. L'univers du discours a recouvert et trans-
> figuré l'environnement matériel. » (Gusdorf, 1952)

Dans l'un des rares ouvrages portant sur l'œuvre d'A.
Korzybski paru en français, l'auteur souligne les conclusions
auxquelles était parvenu Korzyski : « Nous entrons, en partie,
dans la folie par le langage. [...] C'est un des facteurs [...]
largement sous-estimé par les psychiatres et les psychologues.

La plupart d'entre nous savent que notre façon de penser détermine notre manière de parler ; peu sont conscients que l'inverse a également lieu[61]. »

Reprenons les propos du Dalaï-Lama en les contextualisant eu égard à cette affirmation : « Prends soin de tes *pensées*, elles deviendront tes *mots* ». Dans une vision systémique de ce niveau d'organisation (*cf.* E. Morin), le Dalaï-Lama aurait tout aussi bien pu écrire : « Prends soin de tes *mots*, ils deviendront tes *pensées* ». Si bien que nous devons tout à la fois prendre soin de nos pensées et de nos mots, car les uns et les autres interagissent les uns sur les autres constamment. Et ceci est valable à chaque niveau d'organisation détaillée dans la citation du Dalaï-Lama.

G. Gusdorf rappelle encore que « Nommer, c'est appeler à l'existence, tirer du néant. Ce qui n'est pas nommé ne peut exister de quelque manière que ce soit. » Autrement dit, ce qui n'est pas nommé n'existe tout simplement pas et supprimer les mots revient à supprimer les idées qui y sont attachées. Ce procédé bien connu est celui que décrit G. Orwell dans son roman dystopique *1984* concernant l'une des caractéristiques de la novlangue.

Nietzsche disait très justement que les hommes de génie sont d'ordinaire des « nommeurs ». Dans le *Gai savoir*, aphorisme 261 portant sur « L'originalité », il écrit : « Qu'est-ce que c'est que l'originalité ? *Voir* quelque chose qui n'a pas encore de nom, ne peut pas encore être nommé, quoique cela se trouve devant tous les yeux. Avec la façon dont sont faits les gens ce n'est que le nom des choses qui les leur rende visibles. – Les hommes originaux ont généralement aussi été ceux qui donnaient les noms. »

P.-C. Racamier, l'auteur du livre *Le génie des origines*, a créé des dizaines de néologismes pour nommer ce qu'il a pu voir. Tous n'ont pas eu le succès qui a été réservé au concept de pervers narcissique, mais certaines notions éclairent sur un sujet qui a été sous les yeux de tous pendant plus de deux mille ans sans que jamais personne ne parvienne à le nommer clairement. Avec le seul concept de *paradoxalité*, dont je rappelle qu'elle est « écrasante » dans la LTI (Aubry, 2010), il a fait sortir le loup du bois… Et comment n'aurions-nous pas le droit de le traquer après l'avoir débusqué ? Est-ce un crime de lèse-majesté que nous commettrions à dévoiler les stratégies perverses d'endoctrinements sectaires qui ont aboutie à la plus effroyable abomination que la terre n'est jamais connue (je veux bien sûr parler de la Shoah) ?

Il ne s'agit pas d'éradiquer le mal à la racine en supprimant tous les porteurs sains de ce *psychovirus*, mais plutôt de prévoir un vaccin pour ceux qui risquent de développer la maladie. En cela, il n'est qu'un seul antidote : le dévoilement. Ce qui n'est pas de la dénonciation, car pour ôter la toxicité d'un paradoxe clinique pathogène, il faut le dévoiler. Il n'existe nul autre remède.

---

[61] **Weinberg**, Harry L. (1996), *Puissance et pouvoir des mots, la sémantique générale de Korzybski* (1e édition, 1959), Paris : Le courrier du livre, 294 p. (p. 18).

# – Conclusion –

> « Nous avons assisté en effet à la construction d'une tour de Babel dans laquelle grouillait une population de plus en plus nombreuse de spécialistes qui n'arrivaient plus à échanger une seule information, car leurs langages étaient tous différents. [...] Ce sont les concepts et les langages du plus grand nombre possible de disciplines, et non les techniques, qu'il est nécessaire d'acquérir pour ce qu'il est convenu d'appeler l'interdisciplinarité ; nous avons de plus en plus besoin de poly-conceptualistes monotechniciens. » (Henri Laborit)

Nous venons de croiser quatre auteurs dont les travaux ont apporté des éléments de compréhension remarquable sur l'homme et son fonctionnement bio-psycho-social. Quatre hommes dont la caractéristique commune est cette « espèce » de vision globale plus intégrative, plus respectueuse, plus vaste, plus compassionnelle que les autres. Chaque période historique possède ses propres génies, mais il m'apparaît plausible que ces génies, de leur temps, pratiquaient une forme de vision intégrale, de pensée complexe ou de transdisciplinarité. Il n'y a qu'à voir les dessins des machines de Léonard de Vinci qui fut le premier dessinateur à présenter des plans et des dessins en perspective, ou à observer les voutes de la chapelle Sixtine peinte par Michel-Ange, et tant d'autres encore, pour simplement se rendre compte que tous ces génies avaient un « don » particulier. Or, je pose la question, si ce don n'était en fait que les capacités naturelles de notre cerveau à aborder les réalités du monde sous une autre perspective ? Des capacités que nous possèderions tous, mais qui ne se révèleraient donc qu'après avoir atteint un certain niveau de conscience ?

À la vérité nous n'en savons rien, mais pour ce qu'il m'a été donné d'en voir jusqu'à présent, il y aurait tout lieu de le penser. Alors certes, nous ne pouvons négliger ou ignorer les capacités innées, mais ce ne sont pas ces capacités qui nous feront passer les différentes étapes de la conscience pour franchir le seuil de la conscience de second palier. Vous pouvez naître surdoué et ne jamais accéder à ce niveau de conscience. Tout comme vous pouvez présenter une intelligence parfaitement normale, tout en n'ayant aucun mal à fonctionner à un niveau de conscience intégral, jardin d'Eden de la pensée complexe et de la transdisciplinarité. Ne serait-ce qu'adopter une telle hypothèse change notre regard sur la réalité, car si tel était le cas, cela voudrait dire qu'avec du travail, les choses peuvent bouger. Mais surtout, cela nous responsabilise. Au-delà du fatalisme ambiant qui règne actuellement en nous faisant facilement abdiquer au prétexte que « l'on n'y peut rien », nous inversons la tendance en découvrant que finalement oui : « on y peut quelque chose ! ». Nous cessons alors de nous lamenter sur notre sort et de nous apitoyer sur nous-mêmes et nous commençons à nous intéresser vraiment à ce qu'il convient de faire pour acquérir cette conscience de second palier.

Ceci n'est pas un livre de développement personnel, je ne vous enseignerais jamais de méthode au-delà de celle qui vous conviendra le mieux : mais chacun des auteurs présentés dans cet opus ont su, à partir de leur propre vision intégrale, élaborer de remarquables outils qu'ils ont mis à notre entière disposition et c'est en manipulant de tels outils que, peu à peu, notre esprit se forge.

Cet effort à fournir est d'autant plus important que si nous n'y prenons garde, le danger ressurgit de là où l'on s'y attend le moins. Ainsi, le plus grand danger de la raison est l'excès de raison, la « folie raisonnante » dont nous avons vu qu'elle était experte en attaque du lien et en décervelage. Une pensée déraisonnable qui utilise la raison contre la raison elle-même voilà en tout état de cause une formation psychique forte étrange.

En cours de route, nous avons croisé la paradoxalité qui était écrasante dans la LTI tout comme elle l'est dans tous les régimes totalitaires de la planète : « Faites ce que je dis, mais pas ce que je fais et surtout puissiez-vous ne rien comprendre à ce que je vous raconte de manière à ce que, quoi que vous pensiez, quoi que vous disiez ou quoi que vous fassiez, je puisse toujours avoir raison. » Telle pourrait être la devise de la paradoxalité.

Partout où la confusion règne en maître, où le brouillard semble vous suivre à la trace, où vous ne reconnaissez pas votre image dans le miroir social, vous devriez suspecter la paradoxalité et vous méfiez de la pensée perverse qui parfois l'accompagne :

> « PENSÉE PERVERSE. – Désigne le type de pensée qui prévaut dans la perversion narcissique, présidant à la mise en œuvre des conduites perverses, et subsistant à leur inhibition lorsque celle-ci s'exerce en vertu d'un empêchement extérieur.
>
> Exactement à l'inverse de la pensée créative et de la pensée psychanalytique, la pensée perverse est tout entière tournée vers la manipulation d'autrui, l'emprise narcissique et la pré-

dation. Experte en manœuvres, apparemment socialisées, capable d'essaimer et prompte à la persécution, la pensée perverse n'a aucun souci de vérité (seul le résultat compte) ; débarrassée de fantasme et d'affect, foncièrement disqualifiante, elle ne vise qu'à rompre les liens entre les personnes et les pensées. Toute tournée vers l'agir, le faire-agir, et le "décervelage", spécialiste en attaque de l'intelligence, c'est une pensée formidablement pauvre. » (Racamier, 1993)

« Décervelage », « attaque de l'intelligence », « rupture des liens entre les personnes et les pensées… » voilà ce qui caractérise l'auto-destruction de la raison, l'altération du discernement et la faillite de la pensée critique.

Raison, discernement et pensée critique toutes trois irréductibles à l'exercice de la pensée complexe dont la particularité principale, au-delà de celles qu'a pu définir E. Morin, est son extraordinaire *capacité à faire lien* et donc à *relier* là où la pensée perverse ne vise qu'à délier.

C'est également la principale raison pour laquelle le discernement doit être efficient, car il convient surtout de ne pas faire n'importe quel lien en liant tout ce que l'on trouve avec n'importe quoi. D'où l'intérêt de disposer de bonnes cartes pour nous orienter sur le chemin de la connaissance.

Si le secret de la créativité réside dans la capacité à faire lien, nous ne serons donc pas surpris que le plus grand ennemi de la pensée complexe, soit la pensée perverse, car « rompre les liens, c'est attaquer l'amour objectal et c'est attaquer l'intelligence même : la peste n'a pas fait pis[62] ». En effet, en attaquant chez autrui sa capacité à faire lien et en la revendiquant pour soi-même, le pervers se prend pour l'égal des dieux d'où la nécessaire répétition de son scénario qui le confirme dans sa toute-puissance.

Cette pensée perverse, un auteur de science-fiction particulièrement perspicace dans ses analyses qui devait sans nul doute posséder une pensée complexe la définit sous l'appellation de double pensée dans son roman dystopique *1984* :

> « Connaître et ne pas connaître. En pleine conscience et avec une absolue bonne foi, émettre des mensonges soigneusement agencés. Retenir simultanément deux opinions qui s'annulent alors qu'on les sait contradictoires et croire à toutes deux. Employer la logique contre la logique. Répudier la morale alors qu'on se réclame d'elle. Croire en même temps que la démocratie est impossible et que le Parti est gardien de la démocratie. Oublier tout ce qu'il est nécessaire d'oublier, puis le rappeler à sa mémoire quand on en a besoin, pour l'oublier plus rapidement encore. Surtout, appliquer le même processus au processus lui-même. Là était l'ultime subtilité. Persuader consciemment l'inconscient, puis devenir ensuite inconscient de l'acte d'hypnose que l'on vient de perpétrer. La compréhension même du mot "double pensée" impliquait l'emploi de la double pensée. » (Orwell, 1949)

Il y a dans cette géniale définition tous les attributs cliniques de la pensée perverse qui mériterait à elle seule que l'on y consacre un livre. Néanmoins, tout comme la double pensée est ce qui anime la novlangue dans l'imaginaire de G. Orwell, la paradoxalité est écrasante dans la langue du IIIe Reich, comme a pu le démontrer L. Aubry citée *supra*, tout comme elle l'est également dans la novlangue. En témoignent les trois assertions paradoxales qui définissent l'idéologie de Big Brother : « La guerre c'est la paix, la liberté c'est l'esclavage, l'ignorance c'est la force. » Or, c'est bien en étudiant de près le fascisme et le totalitarisme que G. Orwell a écrit son roman d'anticipation, véritable analyse clinique de la nature des discours totalitaires. Double pensée et pensée perverse sont donc bien deux expressions qui désignent un même « mal » simplement abordé dans des perspectives différentes.

En 1956, le psychiatre néerlandais Joost Meerloo publia un des essais les plus remarquables n'ayant jamais été publiés sur les techniques de lavage de cerveau et du contrôle de la pensée dans les États totalitaires. Cet ouvrage qui n'est pas disponible en français suscita une grande attention outre-Atlantique, en partie parce qu'il traitait des applications totalitaires des techniques de lavage de cerveau pendant la guerre de Corée. L'auteur livre une analyse des techniques de lavage de cerveau et du contrôle de la pensée dans les États totalitaires et affirme que « personne ne peut résister à cela ». Il conclut :

> « Les hommes libres dans une société libre doivent apprendre non seulement à reconnaître cette attaque furtive contre l'intégrité mentale et à la combattre, mais doivent aussi apprendre ce qu'il y a dans l'esprit de l'homme qui le rend vulnérable à cette attaque, ce qui fait que, dans de nombreux cas, il aspire à sortir des responsabilités que la démocratie et la maturité républicaines lui imposent. » (Meerloo, 1956)

Il n'est certes pas facile de reconnaître et de combattre cette « attaque furtive contre l'intégrité mentale », mais avec les outils présentés dans cet ouvrage, vous serez assurément mieux armé pour vous protéger des assauts de la pensée perverse, car la pensée complexe est bien le seul antidote à ce *psychovirus*.

> « Connais ton ennemi et connais-toi toi-même ; eussiez-vous cent guerres à soutenir, cent fois vous serez victorieux.
> Si tu ignores ton ennemi et que tu te connais toi-même, tes chances de perdre et de gagner seront égales.

Si tu ignores à la fois ton ennemi et toi-même, tu ne compteras tes combats que par tes défaites. » (Sun tzu)

---

[62] **Racamier**, Paul-Claude (1992*b*), « Pensée perverse et décervelage », dans *Gruppo* n°8, pp. 137-155.

# *Annexe*

## Préambule

Considérant que la prolifération actuelle des disciplines académiques et non-académiques conduit à une croissance exponentielle du savoir ce qui rend impossible tout regard global de l'être humain,

## *CHARTE DE LA TRANSDISCIPLINARITÉ*

*(adoptée au Premier Congrès Mondial de la Trandisciplinarité, Convento da Arrábida, Portugal, 2-6 novembre 1994)*

Considérant que seule une intelligence qui rend compte de la dimension planétaire des conflits actuels pourra faire face à la complexité de notre monde et au défi contemporain d'auto-destruction matérielle et spirituelle de notre espèce,

Considérant que la vie est lourdement menacée par une techno-science triomphante, n'obéissant qu'à la logique effrayante de l'efficacité pour l'efficacité,

Considérant que la rupture contemporaine entre un savoir de plus en plus accumulatif et un être intérieur de plus en plus appauvri mène à une montée d'un nouvel obscurantisme, dont les conséquences sur le plan individuel et social sont incalculables,

Considérant que la croissance des savoirs, sans précédent dans l'histoire, accroît l'inégalité entre ceux qui les possèdent et ceux qui en sont dépourvus, engendrant ainsi des inégalités croissantes au sein des peuples et entre les nations sur notre planète,

Considérant en même temps que tous les défis énoncés ont leur contrepartie d'espérance et que la croissance extraordinaire des savoirs peut conduire, à long terme, à une mutation comparable au passage des hominiens à l'espèce humaine,

Considérant ce qui précède, les participants au Premier Congrès Mondial de Transdisciplinarité (Convento da Arrábida, Portugal, 2-7 novembre 1994) adoptent la présente Charte comprise comme un ensemble de principes fondamentaux de la communauté des esprits transdisciplinaires, constituant un contrat moral que tout signataire de cette Charte fait avec soi-même, en dehors de toute contrainte juridique et institutionnelle.

*Article 1 :*
Toute tentative de réduire l'être humain à une définition et de le dissoudre dans des structures formelles, quelles qu'elles soient, est incompatible avec la vision transdisciplinaire.

*Article 2 :*
La reconnaissance de l'existence de différents niveaux de réalité, régis par des logiques différentes, est inhérente à l'attitude transdisciplinaire. Toute tentative de réduire la réalité à un seul niveau régi par une seule logique ne se situe pas dans le champ de la transdisciplinarité.

*Article 3 :*
La transdisciplinarité est complémentaire de l'approche disciplinaire ; elle fait émerger de la confrontation des disciplines de nouvelles données qui les articulent entre elles ; et elle

nous offre une nouvelle vision de la nature et de la réalité. La transdisciplinarité ne recherche pas la maîtrise de plusieurs disciplines, mais l'ouverture de toutes les disciplines à ce qui les traverse et les dépasse.

*Article 4 :*

La clef de voûte de la transdisciplinarité réside dans l'unification sémantique et opérative des acceptions à travers et au delà des disciplines. Elle présuppose une rationalité ouverte, par un nouveau regard sur la relativité des notions de « définition » et d'« objectivité ». Le formalisme excessif, la rigidité des définitions et l'absolutisation de l'objectivité comportant l'exclusion du sujet conduisent à l'appauvrissement.

*Article 5 :*

La vision transdisciplinaire est résolument ouverte dans la mesure où elle dépasse le domaine des sciences exactes par leur dialogue et leur réconciliation non seulement avec les sciences humaines mais aussi avec l'art, la littérature, la poésie et l'expérience intérieure.

*Article 6 :*

Par rapport à l'interdisciplinarité et à la multidisciplinarité, la transdisciplinarité est multiréférentielle et multidimensionnelle. Tout en tenant compte des conceptions du temps et de l'histoire, la transdisciplinarité n'exclut pas l'existence d'un horizon transhistorique.

*Article 7 :*

La transdisciplinarité ne constitue ni une nouvelle religion, ni une nouvelle philosophie, ni une nouvelle métaphysique, ni une science des sciences.

*Article 8 :*

La dignité de l'être humain est aussi d'ordre cosmique et planétaire. L'apparition de l'être humain sur la Terre est une des étapes de l'histoire de l'Univers. La reconnaissance de la

Terre comme patrie est un des impératifs de la transdisciplinarité. Tout être humain a droit à une nationalité, mais, au titre
d'habitant de la Terre, il est en même temps un être transnational. La reconnaissance par le droit international de la
double appartenance – à une nation et à la Terre – constitue
un des buts de la recherche transdisciplinaire.

*Article 9 :*

La transdisciplinarité conduit à une attitude ouverte à l'égard
des mythes et des religions et de ceux qui les respectent dans
un esprit transdisciplinaire.

*Article 10 :*

Il n'y a pas un lieu culturel privilégié d'où l'on puisse juger
les autres cultures. La démarche transdisciplinaire est elle-
même transculturelle.

*Article 11 :*

Une éducation authentique ne peut privilégier l'abstraction
dans la connaissance. Elle doit enseigner à contextualiser,
concrétiser et globaliser. L'éducation transdisciplinaire rééva-
lue le rôle de l'intuition, de l'imaginaire, de la sensibilité et
du corps dans la transmission des connaissances.

*Article 12 :*

L'élaboration d'une économie transdisciplinaire est fondée
sur le postulat que l'économie doit être au service de l'être
humain et non l'inverse.

*Article 13 :*

L'éthique transdisciplinaire récuse toute attitude qui refuse le
dialogue et la discussion, quelle que soit son origine – d'ordre
idéologique, scientiste, religieux, économique, politique, philosophique. Le savoir partagé devrait mener à une compréhension partagée fondée sur le respect absolu des altérités
unies par la vie commune sur une seule et même Terre.

*Article 14 :*

Rigueur, ouverture et tolérance sont les caractéristiques fondamentales de l'attitude et de la vision transdisciplinaires. La rigueur dans l'argumentation qui prend en compte toutes les données est le garde-fou à l'égard des dérives possibles. L'ouverture comporte l'acceptation de l'inconnu, de l'inattendu et de l'imprévisible. La tolérance est la reconnaissance du droit aux idées et vérités contraires aux nôtres.

*Article final :*

La présente Charte de la Transdisciplinarité est adoptée par les participants au Premier Congrès Mondial de Transdisciplinarité, ne se réclamant d'aucune autre autorité que celle de leur œuvre et de leur activité.

Selon les procédures qui seront définies en accord avec les esprits transdisciplinaires de tous les pays, la Charte est ouverte à la signature de tout être humain intéressé par les mesures progressives d'ordre national, international et transnational pour l'application de ses articles dans la vie.

Convento da Arrábida, le 6 novembre 1994

*Comité de Rédaction :*
Lima de Freitas, Edgar Morin et Basarab Nicolescu

# — Bibliographie —


**Almeida**, Fabrice d'(2005), *La manipulation*, Paris : PUF (coll. Que sais-je ?), 128 p.

**Aubry**, Laurence (2012), « Paradoxalité de la langue et travail d'écriture », dans *Victor Klemperer, repenser le langage totalitaire*, sous la direction de Laurence Aubry et Béatrice Turpin, colloque de Cerisy, Paris : CNRS éditions, 352 p.

**Bachelart**, Maximilien (2017). *L'approche intégrative en psychothérapie*, Paris : ESF, 303 p.

**Berthoz**, Alain (2009), *La simplexité*, Paris : Odile Jacob, 256 p.

**Bilheran**, Ariane (2017), *Harcèlement, psychologie et psychopathologie*, Independently published, 324 p.

**Bilheran**, Ariane (2019), *Psychopathologie de la paranoïa*, Paris : Dunod, 237 p.

**Boisvert**, Jacques (1999), *La formation de la pensée critique : théorie et pratique*, Bruxelles : De Bœck, 152 p.

**Boisvert**, Jacques (2015), « Pensée critique : définition, illustration et application », dans *Revue québécoise de psychologie* n°36, pp. 3-33.

**Breton**, Philippe (1998), *La parole manipulée*, Paris : La Découverte, 220 p.

**Bulla de Villaret**, Hélène (1973), *Introduction à la sémantique générale de Korzybski*, Paris : Le courrier du livre, 189 p.

**Caillot**, Jean-Pierre (2016), *Le meurtriel, l'incestuel et le traumatique*, Paris : Dunod, 192 p.

**Chabreuil**, Fabien et **Chabreuil**, Patricia (2015), *La Spirale dynamique* (3e édition), Paris : InterEditions, 264 p.

**Chabrol**, Claude et **Radu**, Miruna (2008), *Psychologie de la communication et persuasion*, Bruxelles : De Boeck Université, 320 p.

**Carfatan**, Serge (2017), _Connaissance de la totalité, pourquoi l'homme fonctionne comme une totalité vivante ?_, Paris : Almora, 400 p.

**Drouot**, Patrick (2013), _La révolution de la pensée intégrale_, Paris : Dangles, 300 p.

**Freud**, Sigmund (2001), « Le petit Hanz », dans _Cinq leçons sur la psychanalyse_, Paris : Payot, 700 p.

**Deleuze**, Gilles (1969), _Logique du sens_, Paris : éditions de Minuit, 391 p.

**Eiguer,** Alberto (1989), _Le pervers narcissique et son complice_, Paris : Dunod, 186 p.

**Gaulejac**, Vincent de (2011), _Travail, les raisons de la colère_, Paris : Le Seuil, 336 p.

**Gaulejac**, Vincent de (2012), La recherche malade du management, Paris : Éditions Quæ, 94 p.

**Gaulejac**, Vincent de (2015), _Le capitalisme paradoxant_, Paris : LE Seuil, 288 p.

**Hugo**, Victor (2010), _Du péril de l'ignorance_, Paris : éditions du Sonneur, 48 p.

**Klemperer**, Victor (2003), _LTI, la langue du III$^e$ Reich_ (2$^e$ édition), Paris : Pocket, coll. Évolution, 375 p.

**Koestler**, Arthur (1980), _Le cheval dans la locomotive_, Paris : Calmann-Levy, 345 p.

**Korzybski**, Alfred (1998), _Une carte n'est pas le territoire_, Paris : Édition de l'éclat, 188 p.

**Le Bon**, Gustave (1895), _Psychologie des foules_, Paris : Félix Alcan, 200 p.

**Mijolla-Mellor**, Sophie de (2007), _La paranoïa_, Paris : PUF, col. Que sais-je ?, 128 p.

**Morin**, Edgar (1982), _Science avec conscience_, Paris : Seuil, 320 p.

**Morin**, Edgar (1990), _Introduction à la pensée complexe_, Paris : ESF éditeur, 160 p.

**Morin**, Edgar (1995), « La stratégie de reliance pour l'intelligence de la complexité », dans _Revue internationale de systémique_, vol. 9, n° 2, pp. 105-122.

**Morin**, Edgar (2011), _La Voie, pour l'avenir de l'humanité_, Paris : fayard, 320 p.

**Orwell**, Georges (1948), _La ferme des animaux_, Paris : Gallimard, collection folio, 150 p.

**Orwell**, George (1972), _1984_, Paris : Gallimard, collection Folio (1ᵉ édition, 1949), 438 p.

**Passebecq**, André (1985), _Essai sur l'attitude libératrice_, Vence : Vie & Action, 57 p.

**Passebecq**, André (1994), _Sémantique générale_, Vence : Vie & Action, 156 p.

**Pirlot**, Gérard et **Pedinielli**, Jean-Louis (2013), _Les perversions sexuelles et narcissiques_ (3ᵉ édition), Paris : Armand Colin, 128 p.

**Prudent**, Cécile (2017), « La classification de la paranoïa dans la psychiatrie américaine contemporaine : une revue de la littérature », dans _L'évolution psychiatrique_, vol. n° 82-1, pages 191-216.

**Racamier**, Paul-Claude (1980), _Les schizophrènes_, Paris : Payot, collection PBP, 240 p.

**Racamier**, Paul-Claude (1992_a_), _Le Génie des origine_, Paris : Payot, 422 p.

**Racamier**, Paul-Claude (1992_b_), « Pensée perverse et décervelage », dans _Gruppo_ n°8, pp. 137-155.

**Racamier**, Paul-Claude (1993), _Cortège conceptuel_, Paris : éditions Apsygée, 124 p.

**Racamier**, Paul-Claude (1995), _L'inceste et l'incestuel_, Paris : éditions Apsygée, 254 p.

**Rifkin**, Jeremy (2011), _Une nouvelle conscience pour un monde en crise : vers une civilisation de l'empathie_, Paris : Les Liens qui Libèrent, 656 p.

**Roggero**, Pascal (2008), « Pour une sociologie d'après la "La Méthode" », dans _Communications_, n° 82, pp. 143-159.

**Saucet**, Michel (1987), _La sémantique générale_ (2ᵉ édition), Paris : Le courrier du livre, 183 p.

**Sérieux**, Paul, (1910), « Le délire d'interprétation et la folie systématisée », dans _L'année psychologique_, vol. 17, pp. 251-269.

**Tchakothine**, Serge (1992), _Le viol des foules par la propagande politique_, Paris : Gallimard, collection _Tel_, 605 p.

**Weinberg**, Harry L. (1996), _Puissance et pouvoir des mots, la sémantique générale de Korzybski_ (1ᵉ édition, 1959), Paris : Le courrier du livre, 294 p.

**Vergnes**, Philippe (2019), _Manipulation et perversion narcissique : comprendre, agir, s'en prémunir_, (3ᵉ édition), Independently published, 123 p.

**Visser**, Frank (2017), _Ken Wilber, la pensée comme passion_, Paris : Almora, 464 p.

**Wilber**, Ken (1983), _Les trois yeux de la connaissance_, Monaco : éditions du Rocher, 213 p.

**Wilber**, Ken (1997), _Une brève histoire de tout_, Boucherville : Mortagne, 452 p.

**Wilber**, Ken (2013), _Grâce et courage_, Paris : Almora, 624 p.

**Wilber**, Ken (2014), _Une théorie de tout_, Paris : Almora, 282 p.

**Wilber**, Ken (2017), _Le livre de la vision intégrale_, Paris : InterEditions, 240 p.

# — Quatrième de couverture —

Nous vivons une époque qualifiée d'« ère post vérité » où règne en maître les fake-news et autres bullshits directement hérités des nouvelles technologies de l'information et de la communication qui ont permis aux réseaux sociaux de grandement modifier notre approche du « réel » à tel point que les grands médias entreprennent désormais de lutter contre les conséquences néfastes de ces fake-news et des contre-vérités qu'elles énoncent. Toutefois, cette lutte ne doit en aucun cas être l'apanage d'une minorité d'entre nous qui se réserverait de droit de ne dire que SA seule vérité, car ceux qui sont engagés dans une lutte pour le pouvoir ont tout intérêt à garder le contrôle de l'unique vérité qu'ils promeuvent. C'est le principe fondateur des sectes, de certains partis politiques et des dictatures. Aussi est-il plus que jamais nécessaire que nous développions, à titre individuel, notre propre pensée critique en nous dotant d'outils appropriés qui nous y aident, car c'est à une véritable guerre psychologique à l'encontre des peuples que se livrent à l'heure actuelle nos propres dirigeants qui soutiennent une politique néolibérale basées sur une croissance imposée à marche forcée. Or, pour développer une pensée critique saine, nous devons comprendre et intégrer ce qui y fait principalement obstacle.

## À propos de l'auteur

Consultant en entreprise, lanceur d'alerte dans le domaine des ressources halieutiques, Philippe Vergnes s'est très tôt penché sur les causes de la dégradation de notre environnement naturel et de nos conditions de vie en prenant comme axe de recherche les sciences humaines et le langage de propagande, de la manipulation et l'histoire des relations publiques. Ces recherches l'ont conduit à s'intéresser à un sujet tabou en France qui est celui de la criminalité en col blanc à l'origine de la plupart des catastrophes sanitaires, environnementales et sociales que nous connaissons aujourd'hui.

Il anime deux blogs dont les principaux sujets traités sont relatifs aux difficultés de notre société actuelle très fortement marquée par la problématique de la manipulation :

https://perversionnarcissiqueetpsychopathie.wordpress.com/

https://amemediterranee.wordpress.com/